Premiere Collection

「記憶違い」と心のメカニズム

杉森絵里子
Eriko Sugimori

京都大学学術出版会

プリミエ・コレクションの創刊にあたって

　「プリミエ」とは，初演を意味するフランス語の「première」に由来した「初めて主役を演じる」を意味する英語です．本コレクションのタイトルには，初々しい若い知性のデビュー作という意味が込められています．

　いわゆる大学院重点化によって博士学位取得者を増強する計画が始まってから十数年になります．学界，産業界，政界，官界さらには国際機関等に博士学位取得者が歓迎される時代がやがて到来するという当初の見通しは，国内外の諸状況もあって未だ実現せず，そのため，長期の研鑽を積みながら厳しい日々を送っている若手研究者も少なくありません．

　しかしながら，多くの優秀な人材を学界に迎えたことで学術研究は新しい活況を呈し，領域によっては，既存の研究には見られなかった潑剌とした視点や方法が，若い人々によってもたらされています．そうした優れた業績を広く公開することは，学界のみならず，歴史の転換点にある21世紀の社会全体にとっても，未来を拓く大きな資産になることは間違いありません．

　このたび，京都大学では，常にフロンティアに挑戦することで我が国の教育・研究において誉れある幾多の成果をもたらしてきた百有余年の歴史の上に，若手研究者の優れた業績を世に出すための支援制度を設けることに致しました．本コレクションの各巻は，いずれもこの制度のもとに刊行されるモノグラフです．ここでデビューした研究者は，我が国のみならず，国際的な学界において，将来につながる学術研究のリーダーとして活躍が期待される人たちです．関係者，読者の方々ともども，このコレクションが健やかに成長していくことを見守っていきたいと祈念します．

第25代　京都大学総長　松本　紘

まえがき
「記憶違い」(エピソード記憶エラー) と現代社会

　ある事柄について家族や恋人と「確かにあなたから聞いた」「いや，私は言っていない」と喧嘩した経験は誰にもあるだろう。あるいは，外出した先で，家の鍵をかけ忘れたかもしれないと不安にかられるようなこともあろう。こうした日常に経験する「記憶違い」はどのように起こるのか，その謎に迫ろうとするのが本書である。

　個人的体験や出来事についての記憶のことを，心理学や脳科学ではエピソード記憶というが (Tulving, 1972)，本書では，エピソード記憶の中でも，エピソード (個人的体験や出来事) の内容そのものではなく，「いつ」「どこで」「誰から」「誰に」「現実か想像か」といった周辺情報をモニタリングし判断するプロセスについて扱う。ここでいうモニタリングとは，自分自身が何を体験し何を覚えているか，ということを確認する心の仕組みのことだ。そこで扱われる周辺情報には，「いつ」＝時間，「どこで」＝場所，「誰から」＝ソース (情報源)，「誰に」＝ターゲット，そして「現実か想像か」＝リアリティといった事柄が含まれる。

　周辺情報のモニタリングは二つに整理することができる。一つ目は，インプット (入力) モニタリング，すなわち，ある出来事を入力した際の周辺情報についてのモニタリングである。冒頭の例である「あなたから聞いた」「私は言っていない」といった喧嘩には，聞いたと主張する側における「誰から聞いたか (ソース判断)」「本当に聞いたのか聞いたと思っているだけなのか (リアリティ判断)」という二つ

のインプットモニタリングが関わる．また，他人の作品や考えを自分のものとして発表する剽窃・盗用問題についても，意識的に剽窃・盗用をする場合だけでなく，以前に聞いたり見たりした情報について，正確に「以前，どこかから入手した」と判断せず「心の中で思った，想像した」と誤判断したため，つまりリアリティ判断を失敗したために，無意識に剽窃・盗用してしまう場合も存在する．この他にも，犯罪捜査での目撃証言における誤証言についても，その人を「本当に目撃したのか（リアリティ判断）」，「その時間に目撃したのか（時間判断）」，「その場所で目撃したのか（場所判断）」といったインプットモニタリングの失敗が関わっていると考えられる．

　二つ目は，アウトプット（出力）モニタリング，すなわち，ある出来事を出力する際の周辺情報についてのモニタリングである．「あなたから聞いた」「私は言っていない」といった喧嘩には，言っていないと主張する側がアウトプットモニタリングのリアリティ判断をする際「頭で考えはしたものの，口には出していない」という誤った結論を下した可能性が挙げられる．また，冒頭の鍵をかけ忘れたかもしれないという不安には，「いつ鍵をかけたか（時間判断）」，「本当に鍵をかけたか（リアリティ判断）」という2種類のアウトプットモニタリングが関わる．やるべきことをやったかどうかが分からなくなり，アウトプットモニタリングエラーを犯すと，同じことを何度も繰り返す「反復エラー」や，やるべきことをし忘れる「脱落エラー」につながるが，こういったエラーは，医療現場や交通現場における深刻なヒューマンエラーにつながる可能性がある．また，1980年代，多くの精神疾患は抑圧された幼児期の性的虐待が原因であるという理解の流れから，カウンセラーが催眠療法を始めたのだが，催眠によって思い出した性的虐待の「記憶」が，実は催眠療法中に植えつけられた無

意識の虚偽記憶であったというケースも報告された。この偽りの性的虐待記憶は，催眠時に虐待された場面を想像し，それが「本当に虐待されたのか，虐待されたところを想像しただけなのか」というリアリティ判断ができなくなった結果だといえる。

　このように，本書は認知心理学の課題に答える専門書ではあるが，記憶やそのエラーに深刻に関わる現代社会の問題を考える上で，重要な示唆を与えるものと考えている。本書の構成は，以下の通りである。まず第1章で，「記憶違い」が科学的にどのように扱われてきたか，先行研究を紹介しながら説明する。そして第2章で，先行研究で検討されてこなかった時間判断という視点からのインプットモニタリング（いつ見たことなのか？）について検討した筆者の研究を紹介し，続く第3章では同じく時間判断という視点からのアウトプットモニタリング（いつやったことなのか？）について検討した筆者の研究を紹介する。その上で，これらの研究を総括しながら，第4章で，「記憶違い」について科学的にそのメカニズムを整理し，最後の第5章で今後の「記憶違い」研究の展望について述べる。本書が，「記憶違い」の引き起こす様々な問題と格闘するプロフェッショナルの読者に，また，認知科学の最前線に関心を持つ研究者・学生にとって役立つことができれば，望外の幸せである。

もくじ

まえがき ……………………………………………………………… iii

1章 「記憶違い」の科学 ……………………………………… 1

はじめに　3
1-1 ソース判断とそのエラー　4
 1-1-1　声が似ていると混同しやすい：記憶の質をベースにしたソース判断　4
 1-1-2　「あの人なら言いそうだ」から生じるエラー：思い込みソース判断　5
 1-1-3　「誰から聞いた？」は「誰に言った？」より難しい：ターゲット判断と比較したソース判断　7
 1-1-4　なぜ健康グッズの広告を「もっともらしく」感じるのか？：ソース判断の脆弱性　8
1-2 リアリティ判断とそのエラー　9
 1-2-1　自信がないときは「想像しただけ」：リアリティ判断のエラー傾向　9
 1-2-2　そこにありそうだから「見た」に違いない：連想が引き起こすリアリティ判断エラー　11
 1-2-3　何度も想像するうちに現実のような気がしてくる：度重なる想像が引き起こすリアリティ判断エラー　13
 1-2-4　言葉によって歪められる事実：事後の会話が引き起こすリアリティ判断エラー　15
1-3 リアリティ判断と時間判断　17

もくじ

2章 「以前に見たはず」
—— インプットモニタリングとそのエラーのメカニズム…… 19

はじめに 21

2-1 一般的なインプットモニタリング研究の実験パラダイム 21

2-2 時間判断を組み込んだ新しい実験パラダイム 25
- 2-2-1 【2日連続学習実験】：リアリティ判断と時間判断 25
- 2-2-2 【時間経過と2日連続学習実験】：時間経過がリアリティ判断と時間判断に及ぼす影響 29

2-3 時間判断はリアリティ判断に卓越するか？ 33
- 2-3-1 【今日どうだったか実験】：事前の経験がインプットモニタリングに及ぼす影響 33
- 2-3-2 【分からなくてもいい実験】：「分からない」という選択肢がインプットモニタリングに及ぼす影響 41

2-4 インプットモニタリングエラーと時間判断（まとめ） 43

3章 「あれ，きちんと済ましたっけ？」
—— アウトプットモニタリングとそのエラー ………… 45

はじめに 47

3-1 先行研究の三つの実験パラダイムの問題点 47
- 3-1-1 単語記憶テスト研究の実験パラダイムを利用した研究 47
- 3-1-2 展望的記憶研究の実験パラダイムを利用した研究 51
- 3-1-3 インプットモニタリング研究の実験パラダイムを利用した研究 55

3-2 インプットモニタリング研究の実験パラダイムを利用した発話アウトプットモニタリング研究 57
- 3-2-1 【言ったか言ってないか実験】：課題の難易度とアウトプットモニタリングの関係 58
- 3-2-2 【言ったのはあなた？ わたし？ 実験】：課題の難易度と知覚類似度がアウトプットモニタリングに及ぼす影響 62

3-3 独自の実験パラダイムの考案と，明らかになったエラー要因　66
- 3-3-1 【やり忘れ実験】パラダイム　66
- 3-3-2 【集中実行実験】：学習時の反復がアウトプットモニタリングに及ぼす影響　68
- 3-3-3 【うわの空実行実験】：実行時の二次課題がアウトプットモニタリングに及ぼす影響　70
- 3-3-4 【時間経過と集中実行実験】：時間経過がアウトプットモニタリングに及ぼす影響　74
- 3-3-5 【慣れっこ実験】：系列学習がアウトプットモニタリングに及ぼす影響　79

3-4 「やったかどうか」が正確に判断できなくなるのはなぜ？
—— アウトプットモニタリングエラーの原因（まとめ）　85

4章 「記憶違い」のメカニズム
—— インプットモニタリングエラー・アウトプットモニタリングエラーのまとめ　……………………………………　87

はじめに　89
4-1 インプットモニタリングとアウトプットモニタリングの共通点　89
4-2 インプットモニタリングとアウトプットモニタリングの相違点　92
4-3 これまでの研究との関連　96

5章 「記憶違い」研究の未来
—— 個人差　……………………………………………………　97

はじめに　99
5-1 ポジティブな人とネガティブな人
—— 妄想様傾向の個人差とインプットモニタリング　99

もくじ

   5-1-1 【自分への評価実験】：妄想様傾向と記憶の関係 100
 5-2 聞こえてくる声と心の声の区別が得意な人と苦手な人
    —— 幻聴様体験の個人差とインプットモニタリング 107
   5-2-1 幻聴様体験と DRM パラダイム 108
 5-3 喋った感覚が強く残る人と残らない人
    —— 幻聴様体験の個人差とアウトプットモニタリング 110
   5-3-1 【変わった声実験】：幻聴様体験傾向と記憶の関係 112
 5-4 自分の記憶に自信がある人とない人
    —— 確認強迫傾向の個人差とアウトプットモニタリング 116
   5-4-1 確認強迫様体験傾向とアウトプットモニタリングの検討 117
 5-5 「記憶違い」の個人差についてのまとめ 119
 5-6 「記憶違い」の未来 121

参考文献 123
謝　辞 127
索　引 129

1章

「記憶違い」の科学

はじめに

　エピソード記憶の周辺情報はどのように記憶されているのだろうか。Johnson ら (1993) はこれについて以下のように述べている。
「人は，エピソード記憶に関する多くの周辺情報について，それぞれの情報を直接特定できるタグやラベルの形で保持しているのではなく，エピソード記憶の内容を想起する際にその記憶の質を評価することで，周辺情報を特定するのである。」
　たとえば，時間や日付の記憶は，その時間や日付自体を覚えることがメインになっていない限り，「A さんに会ったのは○月○日だ」といった直接的な方法で保持されてはいない。むしろ，「A さんに会った」というエピソードを想起する際に，「B さんに会った記憶よりは薄い」といったように他のエピソード記憶と比較した上でのエピソード記憶の強さを手がかりにしたり，「誕生日の前日だった」といったように記念日や祝日などの特定の日を基準にしたり，「会った日はとても暑かった」といったように，そのエピソードに付随する知覚情報をもとにして，時間判断がなされる。場所情報についても同様で，その場所自体がメインでない限り，「A さんを目撃したのは○○公園」といった直接的な方法の保持はなされていない。むしろ，A さんと会った場面を想起する際に付随して思い浮かぶ，「大きな桜の木が横に立っていた」といった視覚情報や，「学校のチャイムが聞こえた」といった聴覚情報をもとに，場所判断がなされるのである。
　冒頭で述べたように，周辺情報には，「いつ」＝時間，「どこで」＝場所，「誰から」＝ソース（情報源），「誰に」＝ターゲット，そして「現実か想像か」＝リアリティ，といった事柄が含まれるが，このうち，前

述したような時間や場所の判断に関する研究はあまりされておらず，誰からインプット（入力）した情報かを判断するソース（情報源）判断と，現実か空想かを判断するリアリティ判断に関する研究が盛んに行われている。そこで，ソース判断（1-1）とリアリティ判断（1-2）について，具体的な研究例を紹介しながら説明しよう。

1-1
ソース判断とそのエラー

1-1-1　声が似ていると混同しやすい：
記憶の質をベースにしたソース判断

　時間判断や場所判断と同様，ソース判断においても，「Cさんが言っていた」というように記憶されるのではなく，言っていた内容を思い出すときに付随する，聞こえてきた声の情報や聞いたときの状況に関する視覚情報にもとづいた判断が行われる。実際，Johnson, Foley, and Leach (1988) の研究で，複数の発声者が存在する場合，その発声者同士の声の質が似ている場合には，誰が言ったのか判断しにくいことが明らかになっている。Johnsonらは，2人の人間が単語を一つ一つ交互に読み上げている様子を実験参加者に聴かせた。複数の単語について2人が読み上げた後，実験参加者に対し，それぞれの単語をどちらの人間が読み上げたものであるかという判断（ソース判断）をするよう求めた。その結果，2人の人間の声の質が似ている場合は，声の質が全く異なる場合と比較して，ソース判断が不正確になることが明らかになった。つまり，もしあなたが，あなたの両親から「以前○○っ

て言っていたでしょ」と，身に覚えのないことを言われたとしたら，それは，あなたの両親が，あなたと声の質が似ている兄弟姉妹の声を，あなたの声と混同した結果である可能性も考えられる，というわけだ。

1-1-2 「あの人なら言いそうだ」から生じるエラー：思い込みソース判断

　想起される記憶の質から判断するだけでなく，「Cさんは健康オタクだから，この健康法について教えてくれたのはCさんだろう」「Dさんとは会えばいつも恋愛の話をしているから，この恋愛話はDさんから聞いたに違いない」といったように推測する場合もある。このように推測することにより起こるソース判断エラーについては，Spaniol and Bayen (2002) が実験的に示している。SpaniolとBayenは，実験参加者に対し，まずは2人の写真とそれぞれの人間について紹介を行った。2人のうち1人は「弁護士」，もう1人は「医者」という肩書きの情報が紹介文の中には含まれていた。次に，2人のうちどちらかの写真とそのセリフがパソコンのモニタに次々と映し出された。複数のセリフについて，それぞれ2人のうちどちらかのセリフとして映し出されたのち，テストに移った。テスト時，実験参加者は，それぞれのセリフについて，2人のうちのどちらの人のセリフだったかという判断を行うよう求められた。その結果，弁護士が言いそうなセリフ（明日9時に法廷に向かわなければいけない）は，たとえ医者だと紹介された人が言ったセリフだとしても，「弁護士が言ったセリフだ」と判断し，医者が言いそうなセリフ（毎日飲んでいる薬はありますか？）は，たとえ弁護士だと紹介された人が言ったセリフだとしても「医者が言ったセリフだ」と判断する傾向が見られた。さらに，実際には2

1章 「記憶違い」の科学

人は知らず知らずに,「あの人なら言いそうだ」という思い込みをもとにソース判断をしている。

人のうちどちらも言っていないセリフに関しても，医者が言いそうなセリフは「医者」，弁護士が言いそうなセリフは「弁護士」とソース判断することが明らかになった。だからたとえば私たちが，自分自身が傷つけられたネガティブな言葉について，「全部大嫌いなあの人から言われた言葉だ」と思い込んでいるものの，実はそれらの言葉のうちのいくつかは，違う人に言われたものかもしれないのだ。つまり，記憶の中にあるネガティブな言葉について，「こんな嫌なことを言うだなんてあいつに違いない」と思い込んでいるだけなのかもしれない。

1-1-3 「誰から聞いた？」は「誰に言った？」より難しい：ターゲット判断と比較したソース判断

　ソース判断は，誰にアウトプット（出力）した情報かを判断するターゲット判断と比較して，困難なことが多いといわれている（Marsh & Hicks, 2002）。Marshらは，複数の単語を実験参加者に覚えさせる課題をインプットソースモニタリングとアウトプットターゲットモニタリングの両方について行った。具体的には，インプットソースモニタリングの場合，複数の単語を一つ一つ，パソコンのモニタにAさんかBさんのどちらかの顔とともに呈示し，まるでAさんかBさんがその単語を発しているような状況で学習させた。その後，各単語について「AさんとBさんのどちらから発せられた単語ですか？」とたずねた。一方，アウトプットターゲットモニタリングの場合，複数の単語を一つ一つパソコンのモニタに呈示し，実験参加者には，AさんかBさんのどちらかを選ぶよう教示した。実験参加者が選んだ人の顔がパソコンのモニタ上に映し出され，その写真に対して事前に呈示された単語

を発してもらった。その後，各単語について「AさんとBさんのどちらに発した単語ですか？」とたずねた。その結果，「どちらに発した単語ですか？」とたずねたアウトプットモニタリングの成績は，「どちらから発せられた単語ですか？」とたずねたインプットモニタリングの成績よりも良い結果となった。この実験手続きと同様に，日常生活でも，「ここから情報を手に入れよう」と意識的にソースを選ぶとき以外，インプットする側は，そのソースを選べない。一方，アウトプットは「この話はEさんに言おう」といったように意識的にターゲットを決めてアウトプットすることができる。したがって，アウトプットした内容を想起する際，ターゲットを決めた認知過程も同時に想起され，それがターゲット判断の正解へと導くのである。

　ソース判断よりも容易であるとされているターゲット判断であるが，もし日常生活において，ある情報を誰に言ったか分からなくなることがあるとしたら，それは「誰かに聞いて欲しかっただけで相手は誰でもよかった」，もしくは「とりあえず皆に聞いて欲しい話だったので会う人会う人に話した」という場合が多いのではないだろうか。また，ある人から同じ話を何回も聞かされるとしたら，その人にとって，あなたに話すことが目的なのではなく，その話をすること自体が目的なのかもしれない。

1-1-4　なぜ健康グッズの広告を「もっともらしく」感じるのか？：ソース判断の脆弱性

　ソース判断は，時間経過に弱いことも報告されている。つまり，エピソード記憶の内容を想起できても，ソース判断は正確でなくなるのである。医者が挙げた健康法と，三流雑誌が挙げた健康法，どちらを

信じるだろうか？　もちろん，前者のほうであろう。信憑性が高い人からの情報を，低い人からの情報よりも信じるのは自明の理である。しかし，一般的に，時間が経過するに従って，三流雑誌の挙げた健康法への信頼が医者の挙げた健康法への信頼と同レベルに上がることが知られており，スリーパー効果（sleeper effect）と呼ばれている（Hovland & Weiss, 1951）。これは，ソース判断に関わる記憶が眠ってしまうというイメージで名づけられたものであるが，広告業界ではこの効果を生かした宣伝の作られ方がなされる場合がある。たとえば，TVショッピングにおいて紹介される健康グッズは，病院で医者から紹介される健康グッズよりも，信憑性は低い。だが，その信憑性の低さは，時間経過とともに重要でなくなるのである。そのため，広告業界は，たとえ信憑性が低くとも，健康グッズそのものの記憶が持続するような，インパクトの強い紹介の仕方をすればいいのである。

1-2
リアリティ判断とそのエラー

1-2-1　自信がないときは「想像しただけ」：リアリティ判断のエラー傾向

　ソース判断と同様，リアリティ判断に関しても盛んに研究が行われている。エピソード記憶を想起する際，色鮮やかに視覚情報が想起されたり，聴覚情報が明確に想起されたりした場合，それを「現実」と判断する傾向があり，一方，自分がそのエピソードを作り出すときの努力や，どのような方法で作り出したかといった認知過程が想起され

る場合には,「空想」と判断する傾向があるということが知られている。一般的に,人はリアリティ判断を行う際,その判断に自信がない時は,「空想だ」と判断する傾向がある (Johnson, Raye, Foley, & Foley, 1981)。この傾向には,「よく覚えていないということは,現実に起こったことではないに違いない」という推測が働いていると考えられる。つまり,あるアイディアに対して,自分が言ったことか他人が言ったことかを判断する際,自分が考えたことがあるアイディアだとしても,確実に「言った」と自信を持って言えない場合,「自分が言ったのであればもっと覚えているはずだ。自分は想像しただけで,誰か他の人が言ったに違いない」と判断する傾向があるらしい。この傾向は「あなたに違いない効果 (it had to be you effect)」と呼ばれている。家の鍵をかけ忘れたかもしれないと不安にかられ,「鍵をかけてない」と判断し家に帰ったものの,鍵はかかっていたという経験は,実際に鍵をかけていなかったという経験より多いのではないだろうか。

　しかし現実場面においては,たとえば前述した偽りの被虐待記憶のように空想の被虐待体験を現実に虐待されたと主張すること,無意識の盗用・剽窃のように自分が発表していないアイディアについて自分が以前発表したものだと主張すること,実際は家の鍵をかけていないのに確かに鍵をかけたと思い込むことなど,空想を「現実だ」と判断することも多くある。なぜ空想の出来事を「現実だ」と判断するのだろうか。ここからは,そのエラー要因について,三つの研究を紹介しながら説明しよう。

1-2-2 そこにありそうだから「見た」に違いない：
　　　　連想が引き起こすリアリティ判断エラー

　まず，Deese (1959) が開発し，のちに Roediger and McDermott (1995) が発展させた DRM パラダイム (Deese-Roediger-McDermott paradigm: Roediger & McDermott, 1995) を紹介しよう。DRM パラダイムは記憶テストの一種であり，学習段階とテスト段階の2段階からなる。学習段階で，実験者は実験参加者に対して「寝る」「毛布」「布団」「寝不足」「パジャマ」「シーツ」「夢」「ぐっすり」「快眠」「寝まき」「眠い」「寝癖」「おやすみ」「ベッド」という単語を一つずつ読み上げる。すべての単語を読み上げた後，テスト段階に移る。テスト段階では，実験参加者に対して，先ほど聴いた単語をすべて書き出すよう求める。この結果，多くの実験参加者が，本来ならば学習していないはずの「枕」を誤って書き出すというのである。

　DRM パラダイムにおいて使用する単語は1セット16単語である。16単語は各々深い連想関係にあるもので，そのうち15単語を学習段階において呈示し，1単語は敢えて呈示しない。この学習段階において呈示しない単語のことをクリティカル語と呼ぶ。そして，テスト段階において，学習段階において呈示されなかったクリティカル語を誤って想起するかどうかを検討するのである。クリティカル語を誤って「学習した」と判断するのにはリアリティ判断が関わる。つまり，先ほどの被験者たちは「『枕』という単語は想像しただけで実際には聴いていない」というリアリティ判断ができなかったのである。

　前述した通り，自信がないときには，現実に起こったことでなく想像したことだと判断する傾向が人にはあるため，クリティカル語を「学習した語」として書き出す際は，その回答に自信があるのである。

1章 「記憶違い」の科学

　DRMパラダイムにおいて，学習した単語と深い連想関係にある単語（クリティカル語）を「学習したに違いない」と判断してしまう。

このDRMパラダイムを用いた研究から，実際にインプット（入力）した情報と深い連想関係にあるものは，「実際に見た」もしくは「実際に聴いた」と誤判断する傾向にあることが考えられる。たとえば，毎日の帰宅途中，ある部活の団体と出くわすことがあるとする。その部活に属しているAさんは，その日その団体の中にいなかったとしても，後にあなたは「あの時Aさんもその中にいた」「あの時Aさんを見た」と判断するかもしれない。

1-2-3 何度も想像するうちに現実のような気がしてくる：度重なる想像が引き起こすリアリティ判断エラー

二つ目に紹介する研究は，Garry, Manning, Loftus, and Sherman (1996) による，幼少期の記憶（自伝的記憶）に関する研究である。彼らは実験参加者に対して，40項目のエピソード（遠足にお弁当を持っていくのを忘れた，デパートで迷子になった，など）について，まずは過去に体験したことがあるエピソードかどうかをたずねた。次に，その40項目のうち半分にあたる20項目について，自分が実際過去に体験したことがあるないにかかわらず，自分が体験しているところを繰り返し想像させた。その日の実験はそれで終わりで，実験参加者には1週間後に再び訪れてもらった。その際に，40項目について再び，過去に体験したことがあるエピソードかどうかをたずねた結果，1週間前に，自分が体験しているところを想像したエピソードについて，実際に体験したことがあると答える率が高くなることが明らかになった。つまり，何度も何度も想像することによって，現実に体験したことと混同してしまうのである。この現象はイマジネーションインフレーションと呼ばれている。ストーカーが，ターゲットの異性に対し

て，まるで自分の恋人であるかのような表現をし，気味悪がられる場面があるが，それはそのストーカーが，ターゲットの異性と恋人同士である状況を何度も想像することにより，本当の恋人だと判断してしまった結果である可能性が考えられる。

　この，イマジネーションインフレーションを利用したのが，主にスポーツ場面におけるメンタルシミュレーションである。Landau, Libkuman, and Wildman（2002）は，実験参加者が持つことのできるおもりの重さを最初にはかり，その後，実験参加者の一部には自分が持つことのできるおもりよりも少しだけ重いおもりを持つところを何度も想像させた。その結果，何も想像しなかった実験参加者と比較して，重いおもりを持つところを想像した実験参加者は，実際に最初に持つことのできたおもりの重さよりも少し重いおもりを持つことができるようになった。これは，何度も重いおもりを持つところを想像することにより，自分はそのおもりを実際に持てると判断し，それが現実場面に影響を与えたのだと考えられる。

　Lindner, Echterhoff, Davidson, and Brand（2010）は，さらにオブザベーションインフレーションという現象を発見した。これは，他者の動きをじっくり観察すると，後に，その行為を「自分が遂行した」と判断することがあるという現象である。この現象には，相手の行動を瞬時に理解する上で役立つ「ミラーニューロン」という細胞が関わっている可能性があり，今もっともホットなトピックの一つである。たとえば，バンジージャンプをしている人の映像を見るだけで鳥肌が立ったり，映画の主人公が窮地に立たされている場面を見てハラハラドキドキしたりした経験は誰しもあるだろうが，こういった観察しているだけで当事者と似た感覚や感情を得ることに「ミラーニューロン」は関わっているのではないかといわれている。他者の動きを観察するとき，

人は知らず知らずにその動きを自分のこととして置き換えて想像しているのかもしれない。Lindnerらの実験は，自分のこととして知らず知らずに置き換えた他者の動きが，その後「自分が体験した」と誤って判断される可能性を示唆するものである。道路でひどい転び方をしている人を見て「痛いっ！」と思うことが，後に「あのとき自分が転んだ」という記憶につながるのだろうか？　このことについては今後さらなる検討が必要である。

1-2-4　言葉によって歪められる事実：
事後の会話が引き起こすリアリティ判断エラー

　最後に，誘導尋問のような質問の仕方に着目した実験を紹介しよう。Loftus and Palmer (1974) は，交通事故の映像を実験参加者に見せたのち，一部の実験参加者には「車が当たった（英語の質問では，contactedやhitといった動詞を使用）とき，どのくらいの速度で走っていましたか」とたずね，残りの実験参加者には「車が激突（smashedやcollidedといった動詞を使用）したとき，どのくらいの速度で走っていましたか」とたずねた。その結果，「車が激突したとき……」とたずねられた実験参加者は，「車が当たったとき……」とたずねられた実験参加者と比較して，明らかに見積もる速度が高かったのである。これは，「車が激突したとき……」とたずねられることにより，「激突する」程度の車のスピードを想像し，「車が当たったとき……」とたずねられることにより，「当たる」程度の車のスピードを想像することで，現実に見た交通事故の映像がそれぞれに応じて調節されたのだと考えられる。

　また，Loftus (1975) の研究では，実験参加者に交通事故の映像を見

1章 「記憶違い」の科学

事後の質問にもとづいて,記憶が調節,もしくは歪められることがある。

せた。その後，実験参加者のうち半分には，実際には存在しない納屋に関する記述を入れ，「車が納屋の前を通ったときのスピードはどれくらいだったと思いますか？」とたずね，残りの半分には「車のスピードはどれくらいだったと思いますか？」とたずねた。その後，車が通っていた風景についての記憶実験を行った結果，「車が納屋の前を通ったとき……」とたずねられた実験参加者は，納屋が実際にあったと答える傾向が高かった。

　つまり，質問時に，実際には存在していない納屋についてさらりと言及することで，実験参加者は無意識に，納屋がある風景を想像してしまい，実際に納屋が存在していたと判断してしまうのである。その上，「納屋を実際に見た」と判断した実験参加者たちは，その納屋についての記述を求めたところ，非常に詳細な部分まで書き出したのである。つまり，まったく現実には目撃していないものでさえ，その後の会話によって，鮮明に思い出すことができてしまうのである。

1-3 リアリティ判断と時間判断

　Loftus は，幼児期のエピソードに関する記憶（自伝的記憶）や，偽りの目撃証言について，様々な実験を行い，記憶が如何様にも操作される可能性を司法の場で指摘し，性的虐待の容疑で逮捕された男を無罪に導いた。このように，空想を「現実だ」と主張するに至る過程には，イマジネーションインフレーションの研究（1-2-3）から明らかなように空想を鮮明に思い描くことが必要で，また，鮮明な空想は，関連する単語の呈示（DRM パラダイムを用いた研究）や他者との会話（誘

導尋問に関わる研究）などがきっかけとなり，現実に見たことや体験したことをもとに連想もしくは想像することによって描き出されると考えられている。

　しかし，「あの人をあの場所で見たかどうか」という判断や，「今日鍵をかけたかどうか」という判断には，さらに時間判断が関わっている可能性がある。つまり，いつも会う人だからこそ，ある特定の日時に見たかどうかの判断が困難になったり，鍵をかけるのは外出のたびに行っていることだからこそ，今日はかけたかどうかが分からなくなるのではないだろうか。これまでのところ，リアリティ判断の研究で時間判断エラーの要因は考えられてこなかった。そこで本書では，いわゆる「記憶違い」に迫る上で，インプットモニタリングとアウトプットモニタリングの2種類のモニタリングエラーを，リアリティ判断と時間判断の二つの観点から検討する。

2章

「以前に見たはず」
インプットモニタリングとそのエラーの
メカニズム

はじめに

　ある出来事を入力する際の周辺情報のモニタリングについての研究，つまりインプットモニタリングの研究は，1980年にM. K. JohnsonとC. L. Rayeが発表した研究に遡る（Johnson & Raye, 1980）。彼女らは，「見たかどうか」というインプットモニタリングを，「見たか想像したか」を判断させるリアリティ判断の観点から解明しようと試みた。後述するように，Johnsonらが確立した実験手続きは，難易度や刺激の変更が容易なために応用範囲が広く，そのため，以後「見たか想像したか」を判断させるリアリティ判断の研究が盛んになる。本章では，まず，Johnsonらが確立した実験手続きについて紹介し（2-1），次に，その実験手続きを用いて，リアリティ判断と時間判断の性質の違いについて検討する（2-2）。そして，事前の経験が「ある特定のときに見たかどうか」というインプットモニタリングに及ぼす影響について検討する（2-3）。

2-1
一般的なインプットモニタリング研究の実験パラダイム

　Johnsonらが開発したインプットモニタリング研究の実験パラダイムは，学習とモニタリングの2段階からなる。学習時には，実験参加者は複数の情報を「見る」か「想像する」か，（もしくは「聴く」か「想像する」か）という2種類の方法で学習する。たとえば，学習すべ

き情報がりんご，傘，フォーク，包丁，カエル，枕，ベッド……とある場合を例にとって説明しよう（図1）。実験参加者には，パソコンのモニタに呈示される指示通りに「見る」か「想像する」かをするように指示しておく。つまり，パソコンのモニタに1秒間「見る」と呈示されたあと5秒間「りんご」という文字とその上にりんごの形をした線画が呈示された場合には，実験参加者は5秒間モニタ上のりんごの線画を見つめ，1秒間「想像する」と呈示されたあと5秒間「傘」という文字とその上に空白が呈示された場合には，5秒間で空白部分に傘の線画を想像上で描く。学習時，実験参加者はたいてい，40項目から60項目の線画を見，同数の別の線画を想像することになる。

　モニタリングの段階は，学習終了後そのままモニタリングに移る場合と，約15分別の課題を行ってからモニタリングに移る場合，そして実験参加者には一旦帰ってもらい，7日後もしくは2週間後など期間をあけて再び実験室に来てもらいモニタリングを行う場合が条件として設定される。モニタリング時には，学習時に呈示した項目すべてと，学習時に呈示しなかった項目を混ぜ，ランダムに一つ一つ呈示し，それぞれについて，「見た」か「想像した」か「未呈示（学習していない）」かを，たとえば「見た」と判断した場合には"1"を，「想像した」と判断した場合は"2"を，「未呈示」と判断した場合には"3"のキーを押すという形で判断させる。図1の例の場合，「りんご」については「見た」と，「傘」については「想像した」と，「フォーク」については「見た」と，そして学習時には登場しなかった「手袋」については「未呈示」と判断したら正答ということになる。また，「りんご」「傘」「フォーク」について「未呈示」と判断した場合は，学習したことすら忘れているということになり，「りんご」や「フォーク」について「想像した」と判断したり，「傘」について「見た」と判断した

2-1　一般的なインプットモニタリング研究の実験パラダイム

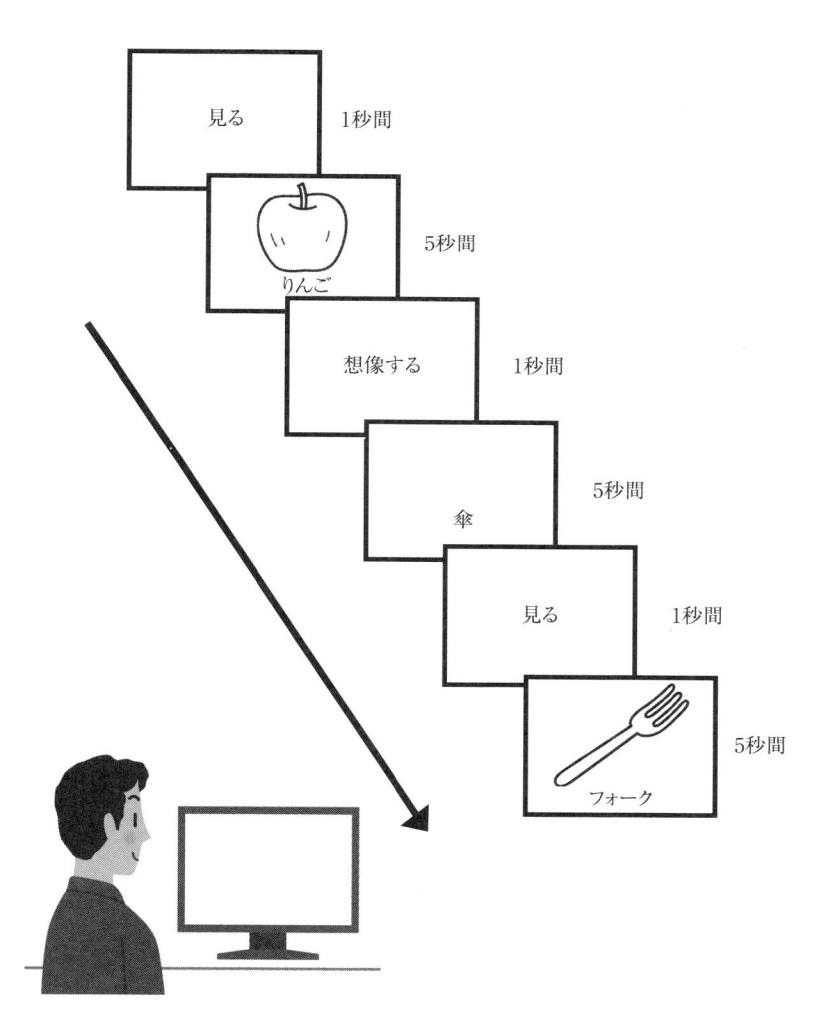

図1　一般的なインプットモニタリングパラダイム：学習時

場合は，学習したことは覚えているけれど，どのようにして学習したかというリアリティ判断（見たか想像したか）ができていないことになる。あるいは，「未呈示」と判断すれば正解である「手袋」について「見た」と判断したり「想像した」と判断した場合，実験参加者は呈示されなかったものに対して，無意識に偽りの記憶を作ったことになる。

　先行研究では，このパラダイムを使った実験の結果，第1章の1-2-1で述べたように，実際は学習時に見た項目や，学習時には呈示されていない項目を「想像した」と誤って判断する比率は，実際は学習時に想像した項目や，学習時には呈示されていない項目を「見た」と誤って判断する比率より高いことが明らかになっている。つまり，単純な「見たか想像したか」というリアリティ判断だけについていえば，実際には見ていないことに対して「見た」と判断することはほとんどないということである。日常生活で，実際にはTVでしか見たことのない有名俳優を「街で見た」と誤って記憶していることなどほとんどないという例からもうなずけることである。単に想像や空想をするだけでは，現実のことと誤って判断するに至らないのである。

　そこで考えうる，実際には見ていないことに対して「見た」と判断する原因の可能性として挙げられるのが「この日に見たかどうか」という時間判断の失敗である。実際にはTVでしか見たことのない有名俳優を「実際に見た」と判断することはほとんどないが，通勤通学途中にしばしば会う人に対して，ある特定の日時に「見た」と誤って判断するような経験はあるだろう。

2-2 時間判断を組み込んだ新しい実験パラダイム

2-2-1 【2日連続学習実験】：
リアリティ判断と時間判断

1) 実験の方法

2-1で述べたように，日常生活における「見たかどうか」の判断には，「見たか想像したか」のリアリティ判断だけでなく，「いつ見たのか」といった時間判断も大きく関わる。そこで筆者は一般的なインプットモニタリング研究の実験パラダイムに時間判断の要因も組み込めるよう改良した。具体的には，一般的なインプットモニタリング研究の実験パラダイムが学習とモニタリングの2段階からなるのに対し，学習1日目，学習2日目，モニタリングという3段階のものとすることで，時間判断の要因を組み込んだ。実験参加者には2日にわたって別々の項目を学習してもらい，モニタリング時には「見た」か「想像した」かに加え，「1日目」に学習したか「2日目」に学習したかもたずねる形にした。さらに詳しい実験手順を以下に記す（図2）。

実験で使用した項目は，日常生活でなじみが深く，皆が知っているとされる120項目である（りんご，とうもろこし，長靴，まな板，傘，ネコなど）[1]。120項目は，1日目に見て学習する20項目，1日目に想像して学習する20項目，2日目に見て学習する20項目，2日目に想像して学習する20項目，そして，学習時には呈示されずテスト時にだけ呈示される未呈示項目40項目に分けられた。

---

1) 天野・近藤 (1999) が，実験参加者になじみの深さを7件法でたずねたもののうち，7点中5.5点以上の項目をここでは使用した。

学習1日目は，40項目について，見るか想像するかの方法で学習してもらった（見る条件，想像条件，各20項目ずつ）。実験参加者には，パソコンのモニタに1秒間「見る」と呈示されたあと5秒間単語とその単語に対応する線画が呈示された場合はその間線画を見るように，また，1秒間「想像する」と呈示されたあと5秒間単語と空白が呈示された場合はその間空白部分に単語を表す線画を想像するように教示した。1日目の学習が終わると，実験参加者には次の日にも来てもらうよう約束をし，帰ってもらった（図2）。

次の日，つまり学習2日目は，学習1日目とは異なる40項目について，同様の方法で，学習してもらった（見る条件，想像条件，各20項目ずつ）。2日目の学習終了後，15分の休憩をはさみ，モニタリングに移った。モニタリングでは，学習1日目に見た20項目と想像した20項目，学習2日目に見た20項目と想像した20項目，それに学習1日目にも2日目にも呈示されなかった未呈示の40項目を1項目ずつ呈示し，「1日目見た」と判断した場合は"1"，「1日目想像した」と判断した場合は"2"，「2日目見た」と判断した場合は"3"，「2日目想像した」と判断した場合は"4"，「未呈示」と判断した場合は"5"のキーを押すよう教示し，リアリティ判断と時間判断の正確さを測定した。

2) 実験の結果

まずは，学習時に呈示されなかった未呈示項目を，学習時に呈示された項目だと誤判断する際，いつ（時間判断）どの方法で（リアリティ判断）学習したと判断する傾向にあるのかということを検討した。その結果，「1日目見た」と回答する比率（0.03）や「1日目想像した」と回答する比率（0.05）が，「2日目見た」と回答する比率（0.00）や「2

2-2 時間判断を組み込んだ新しい実験パラダイム

学習1日目

見る条件では5秒間
線画を見る

学習2日目

想像条件では5秒間
線画を想像する

モニタリング

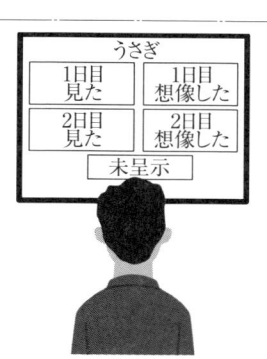

この場合「1日目見た」
と判断すると正解

図2　時間判断の要因を組み込んだ実験パラダイムの流れ

2章 「以前に見たはず」

表1 実験結果：2日目の学習の直後にモニタリングを行った場合

	テスト時の学習条件				
	1日目		2日目		
	見る	想像する	見る	想像する	未呈示
モニタリング時の反応					
"1日目見た"	**0.87**	0.09	0.20	0.03	0.03
"1日目想像した"	0.08	**0.86**	0.06	0.13	0.05
"2日目見た"	0.03	0.00	**0.62**	0.03	0.00
"2日目想像した"	0.00	0.02	0.01	**0.73**	0.00
"未呈示"	0.03	0.03	0.12	0.08	**0.92**

日目想像した」と回答する比率(0.00)より，有意に高くなった（表1）。

この結果は，「15分前にやったこと（見たり想像したこと）はよく覚えているに違いない」，「よく覚えていないということは（実際には学習していないので，よく覚えていなくて当然である），より以前のことだろう」という実験参加者の考えを反映していると思われる。また，極わずかだが，「1日目想像した」と回答する比率(0.05)は「1日目見た」と回答する比率(0.03)より高かった。これは，先行研究でも見られている，「よく覚えていないということは，実際に見たのではなく想像しただけに違いない」と判断する傾向と一致する。

次に，それぞれの学習条件における，正答率を比較した。表1の太字が正答率を表している。1日目に見た項目(0.87)や1日目に想像した項目(0.86)と比較して，2日目に見た項目(0.62)や2日目に想像した項目(0.73)は正答率が低かった。では，2日目に見た項目や2日目に想像した項目は，正答できなかった場合，その実験参加者は，時間判断とリアリティ判断のどちらを誤ったのだろうか？　この実験では，2日目に見た項目を，「2日目見た」と正答できなかった場合，「1

日目見た」と判断する傾向にあること (0.20) が，また，2 日目に想像した項目を，「2 日目想像した」と正答できなかった場合，「1 日目想像した」と判断する傾向にあること (0.13) が明らかになった。つまり，「見た」こと「想像した」ことは覚えておりリアリティ判断は正確なのだが，時間判断を誤っているのである。実際に見た項目を「想像した」と判断したり，実際に想像した項目を「見た」と判断するエラーよりも，直前に見た項目を「以前に見た」と判断したり，直前に想像した項目を「以前に想像した」と判断するエラーのほうが多いことが明らかになったことで，「見たか想像したか」のリアリティ判断より「いつ見たか」の時間判断が，見たかどうかのインプットモニタリングには関わっていることが示唆されたのである。

2-2-2 【時間経過と 2 日連続学習実験】： 時間経過がリアリティ判断と時間判断に及ぼす影響

　筆者はさらに，リアリティ判断や時間判断の時間経過にともなうエラー傾向について検討した。前述した実験方法と異なるのは，モニタリングを行うタイミングのみである。つまり，学習 1 日目は，40 項目について，見るか想像するかの方法で学習してもらい（見る条件，想像条件，各 20 項目ずつ），次の日，実験参加者に再び訪れてもらい，学習 2 日目として，学習 1 日目とは異なる 40 項目について，見るか想像するかの方法で学習してもらった（見る条件，想像条件，各 20 項目ずつ）。学習 2 日目が終わると，7 日後にもう一度訪れてもらい，モニタリングを行った。モニタリングの方法は，先ほど述べた方法と同様，学習 1 日目の 40 項目（見る条件，想像条件，各 20 項目ずつ）と，学習 2 日目の 40 項目（見る条件，想像条件，各 20 項目ずつ），それに

2章 「以前に見たはず」

表2 実験結果：2日目の学習の7日後にモニタリングを行った場合

	テスト時の学習条件				
	1日目		2日目		
	見る	想像する	見る	想像する	未呈示
モニタリング時の反応					
"1日目見た"	**0.33**	0.08	0.31	0.06	0.05
"1日目想像した"	0.05	**0.21**	0.06	0.22	0.10
"2日目見た"	0.30	0.08	**0.30**	0.08	0.06
"2日目想像した"	0.07	0.25	0.05	**0.22**	0.14
"未呈示"	0.26	0.39	0.29	0.43	**0.65**

学習時に呈示されなかった未呈示の40項目を1項目ずつ呈示し，「1日目見た」，「1日目想像した」，「2日目見た」，「2日目想像した」，「未呈示」から正答を選ぶというものであった。

まずは，学習時に呈示されなかった未呈示項目を，学習時に呈示された項目だと判断する際，「1日目想像した」と回答する比率 (0.10) と「2日目想像した」と回答する比率 (0.14) が，「1日目見た」と回答する比率 (0.05) や「2日目見た」と回答する比率 (0.06) より高いことが明らかになった。つまり，学習2日目の7日後には，学習2日目の直後にあった「学習2日目のことは学習1日目のことよりも覚えているに違いない」という思い込みがなくなり，その一方で「実際に見たことは想像しただけのことよりも覚えているに違いない」という思い込みは持続しているということである。

次に表2の太字で表されている正答率を見てみよう。1日目に見た項目 (0.33) や2日目に見た項目 (0.30) と比較して，1日目に想像した項目 (0.21) や2日目に想像した項目 (0.22) は正答率が低かった。つまり，1日目も2日目も見た項目を「見た」と覚えている比率は，想

像した項目を「想像した」と覚えている比率よりも高い一方で，1 日目に見た項目と 2 日目に見た項目の間の正答率や，1 日目に想像した項目と 2 日目に想像した項目の間の正答率には差がないことがいえる。また，実際には 1 日目に想像した項目を「未呈示」と判断する比率や (0.39)，2 日目に想像した項目を「未呈示」と判断する比率は (0.43)，実際には 1 日目に見た項目を「未呈示」と判断する比率や (0.26)，2 日目に見た項目を「未呈示」と判断する比率 (0.29) より高かった。つまり，1 日目 2 日目にかかわらず，見た項目と比較して，想像した項目は学習したこと自体を忘れている場合が多く，見た項目と想像した項目のどちらについても，1 日目と 2 日目の間で学習したことを覚えている比率に差はなかった。

　これらの結果から，実験参加者の「実際に見たことは想像しただけのことよりも覚えているに違いない」という思い込みは，実際に見た項目よりも想像した項目を忘れているという事実をもとに作られたことが明らかになった。また，学習 2 日目の 7 日後には，学習 2 日目の直後にあった「学習 2 日目のことは学習 1 日目のことよりも覚えているに違いない」という思い込みがなくなったが，それも，「7 日前のことも 8 日前のことも同程度にしか覚えていない」といった経験にもとづいていると考えられる。心理学では，こうした自身の記憶についての思い込みのこと（たとえば「自分は歴史の年号を覚えることは苦手だが人の顔を覚えるのは得意だ」，「自分は英単語を覚えるとき，何度も書くと覚えやすい」など）を「メタ記憶」と呼ぶ (Koriat, Goldsmith, & Pansky, 2002)。こういったメタ記憶は，実際，自分が過去にどのような記憶を覚えているか，どのくらい経つと忘れてしまうかといった経験をもとに築き上げられたものだと考えることができる。

　実際，1 日目に見た項目を「1 日目見た」と正答した比率と，「2 日

目見た」と時間判断を誤った比率はほぼ等しく，1日目に想像した項目を「1日目想像した」と正答した比率と「2日目想像した」と時間判断を誤った比率もほぼ等しい。同様に，2日目に見た項目を「2日目見た」と正答した比率と，「1日目見た」と時間判断を誤った比率はほぼ等しく，2日目に想像した項目を「2日目想像した」と正答した比率と「1日目想像した」と時間判断を誤った比率もほぼ等しい。つまり，2日目の学習が終わった7日後には，たとえ「見た」「想像した」の区別ができたとしても「1日目」と「2日目」の区別はついていないのである。この結果は，日常生活を例に挙げると理解しやすい。たとえば，7，8日前にAさんに会ったかAさんを想像しただけなのかという区別はできるだろうが，それが7日前のことだったか8日前のことだったのかを区別することは困難であろう。

　以上のように，一般的なインプットモニタリングの実験パラダイムを改良して，リアリティ判断と時間判断の両方を検討した結果，時間判断がいかに困難であるかということが明らかになった。このことから，日常生活で「ある時に実際に見たかどうか」が判断できなくなる原因には，見たか想像したかというリアリティ判断よりも，「いつ見たことなのか」という時間判断の要因が強く関わる可能性が示唆された。つまり，以前に見たことがある人やモノに対して，過去に見たことがあると覚えており，それがいつだったか正確に判断できない結果，ある特定のときに見たかどうかは覚えておらず，その結果，間違って「その日に見た」と判断することが多いのではないか，という仮説を立てることができる。ではこの仮説は正しいのだろうか。次節では，それを検証するために筆者が行った研究を紹介する。

2-3
時間判断はリアリティ判断に卓越するか？

2-3-1 【今日どうだったか実験】：
事前の経験がインプットモニタリングに及ぼす影響

1) 実験の方法

　2-2 の研究から，「見たかどうか」の判断には，「見たか想像しただけか」のリアリティ判断以上に，「ある特定のときに見たのか，それとも違うときに見たのか」という時間判断が大きく関わることが示唆された。そこで本節では，事前に見たり想像したりしたことが，「ある特定のときに見たかどうか」の判断にどのような影響を及ぼすのかについて検討する。

　実験は事前呈示，学習，モニタリングの3段階からなり，2日連続で実験参加者に来てもらった。1日目には事前呈示を行い，学習時に呈示される項目と同じ項目を，見るか想像するかの方法で呈示した。かつ，この事前呈示時には，呈示頻度を0回，1回，8回と操作した。事前呈示時に見たり想像したりすることと，その呈示頻度を操作することは，日常場面における「日頃よく見ている」こと，「あまり見ていない」こと，「日頃よく想像している」こと，「あまり想像していない」こと，「まったく見ても想像してもいない」ことを想定したものである。2日目には，学習とモニタリングを行った。学習時には見るか想像するかのどちらかで1回のみ呈示を行った。そしてその直後にモニタリングを行った。2日目の学習は日常場面における「さっき見た」こと「さっき想像した」ことに相当し，2日目の学習直後のモニタリングは「さっき見たか想像したか，それとも見ても想像してもい

ないか」について答えられるかどうかに相当する．つまり，事前呈示時に何度も見て，学習時には1回想像する項目は，日頃何度も見たことがあるが，ある特定の時には想像しただけという状況を表している．この場合は，テスト時に「想像した」と答えなければ不正答である．また，事前呈示時には何度も想像して，学習時には呈示されない項目も存在する．これは，日頃何度も想像しているが，ある特定のときには見ても想像してもいないという状況を表しており，この場合は，テスト時「未学習」と答えるのが正解である．では，具体的に手続きを説明しよう．

　実験で使用した項目は，日常生活でなじみが深く皆が知っているとされる126項目である（りんご，とうもろこし，長靴，まな板，傘，ネコなど）．条件は全部で21条件であり，1条件につき，6項目ずつ割り当てられた．事前呈示時に見る条件のうち（図3），8回見る項目は，学習時には見る「8回見る―見る」条件，学習時には想像する「8回見る―想像する」条件，学習時には呈示しない「8回見る―未呈示」条件の3条件に分かれる．事前呈示時に3回見る項目も，学習時には見る「3回見る―見る」条件，学習時には想像する「3回見る―想像する」条件，学習時には呈示しない「3回見る―未呈示」条件の3条件に分かれ，事前呈示時に1回見る項目も同様に，学習時には見る「1回見る―見る」条件，学習時には想像する「1回見る―想像する」条件，学習時には呈示しない「1回見る―未呈示」条件の3条件に分かれた．

　事前呈示時に想像する項目も同様で（図4），事前呈示時に8回想像する項目は，学習時には見る「8回想像する―見る」条件，学習時には想像する「8回想像する―想像する」条件，学習時には呈示しない「8回想像する―未呈示」条件の3条件に，事前呈示時に3回想像す

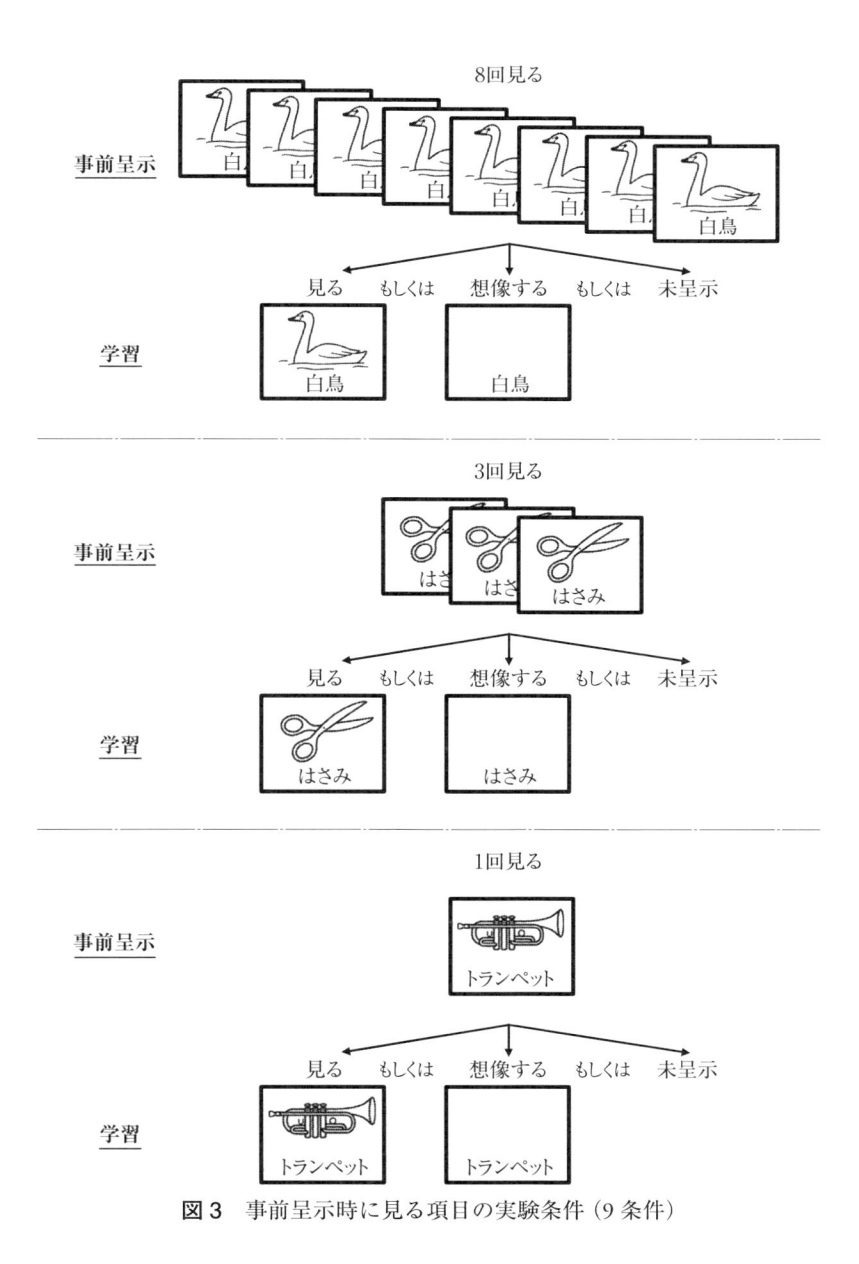

2–3　時間判断はリアリティ判断に卓越するか？

事前呈示

8回見る

見る　もしくは　想像する　もしくは　未呈示

学習

事前呈示

3回見る

見る　もしくは　想像する　もしくは　未呈示

学習

事前呈示

1回見る

見る　もしくは　想像する　もしくは　未呈示

学習

図3　事前呈示時に見る項目の実験条件（9条件）

2章 「以前に見たはず」

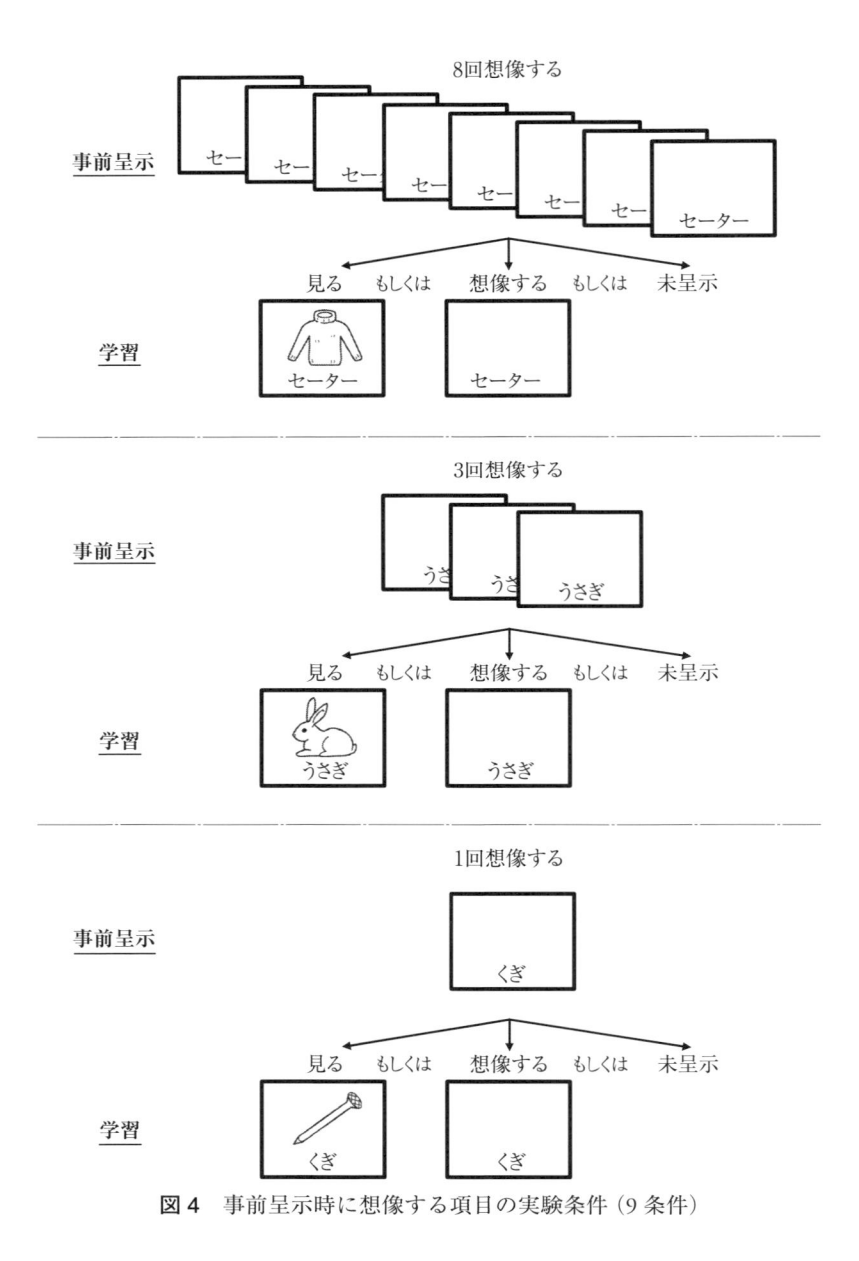

事前呈示

8回想像する

セーター（8回）

見る　もしくは　想像する　もしくは　未呈示

学習

セーター（画像）／セーター

事前呈示

3回想像する

うさぎ（3回）

見る　もしくは　想像する　もしくは　未呈示

学習

うさぎ（画像）／うさぎ

事前呈示

1回想像する

くぎ

見る　もしくは　想像する　もしくは　未呈示

学習

くぎ（画像）／くぎ

図4　事前呈示時に想像する項目の実験条件（9条件）

る項目は，学習時には見る「3回想像する―見る」条件，学習時には想像する「3回想像する―想像する」条件，学習時には呈示しない「3回想像する―未呈示」条件の3条件に，事前呈示時に1回想像する項目は，学習時には見る「1回想像する―見る」条件，学習時には想像する「1回想像する―想像する」条件，学習時には呈示しない「1回想像する―未呈示」条件の3条件に分かれた。

さらに，事前呈示時には呈示せず，学習時にだけ見る項目「未呈示―見る」，学習時にだけ想像する項目「未呈示―想像する」，学習時にも呈示しない項目「未呈示―未呈示」の3条件もある。

事前呈示時，パソコンのモニタに1秒間「見る」と呈示されたあと5秒間単語とその単語に対応する線画が呈示された場合には，その間線画を見るように，また，1秒間「想像する」と呈示されたあと5秒間単語と空白が呈示された場合には，その間空白部分に単語を表す線画を想像するよう実験参加者に教示した。項目によって1回のみ呈示されるもの，3回呈示されるもの，8回呈示されるものが存在し，その呈示はランダムに行った。この事前呈示が終わると，実験参加者には次の日にも来てもらうよう約束をし，帰ってもらった。

次の日，つまり学習時は，事前呈示時に見た項目，想像した項目，もしくは呈示されなかった項目，これらすべてを，見るか，想像するか，もしくは呈示しないかの条件に分類した。事前呈示時と呈示の仕方は同様であり，呈示回数は1回のみであった。学習が終わると15分後にテストを行った。実験参加者には，昨日ではなく，今日のことについてたずねていることを強調し，それぞれの項目について，今日「見た」場合は"1"を，「想像した」場合は"2"を，今日は呈示されていない（未呈示）場合は"3"を選択してキーを押すよう求めた。

2) 実験の結果

　事前に繰り返し想像したり見たりすることが，見たかどうかの判断にどのような影響を与えるのかを調べるため，学習時に「見た」項目のモニタリングエラー率，つまり「想像した」と誤って答えた比率を，事前呈示条件ごとに分類して図 5 に示し，学習時に「想像した」項目のモニタリングエラー率，つまり「見た」と誤って答えた比率を，事前呈示条件ごとに分類して図 6 に示した。

　図 5 と図 6 を比較すると明らかなように，学習時に見たにもかかわらず「想像した」と誤って回答する比率は，事前呈示の影響と関係なく，一貫して 0.10 から 0.15 と高い（図 5）。一方で，学習時に想像したにもかかわらず「見た」と誤って回答する比率は，事前に何も呈示されない場合はほぼ 0 である。そして，事前に見る回数が増えるほど，学習時に想像したにもかかわらず「見た」と誤って回答する比率が高くなり，事前に 8 回見た場合，0.15 まで上がった（図 6）。自分の記憶に自信がないとき，人は「実際に見たのではなく想像しただけ」と答える傾向にあることは先行研究や 2-2 の結果でも明らかになっている。つまり，誤って「想像した」と回答するその背後には，「よく分からないから」という考えが含まれていることが示唆される。その一方で，事前に見れば見るほど，学習時には想像しただけにもかかわらず誤って「見た」と回答するその背後には，事前に見たこととついさっきのことの混同があることが示唆される。つまり，「想像した」へのエラーには「分からない」結果が含まれていること，「見た」へのエラーにはいつ見たことなのかという時間判断の失敗が含まれていることが予測できる。

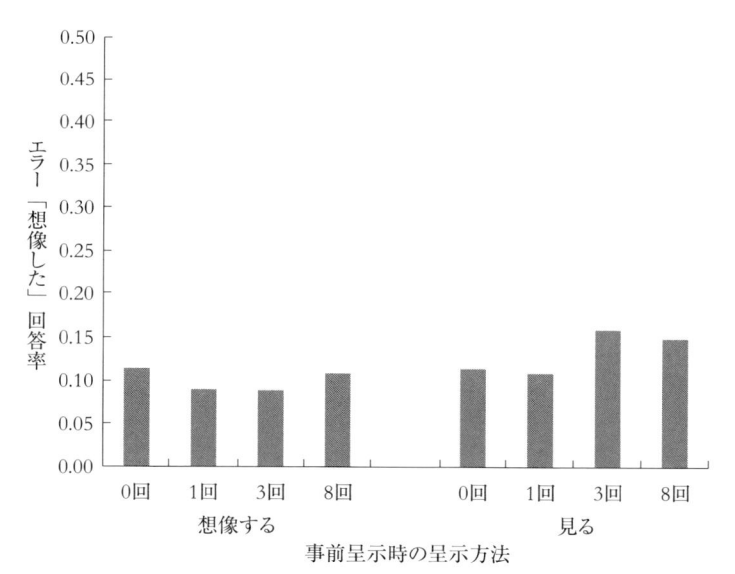

2-3 時間判断はリアリティ判断に卓越するか？

図5 学習時に「見た」項目のモニタリングエラー

学習時に「見た」ため「見た」と回答すると正解である。事前に「想像した」場合も「見た」場合も，その回数によらず「想像した」と誤って回答する比率は 0.10 から 0.15 程度であった。

2章 「以前に見たはず」

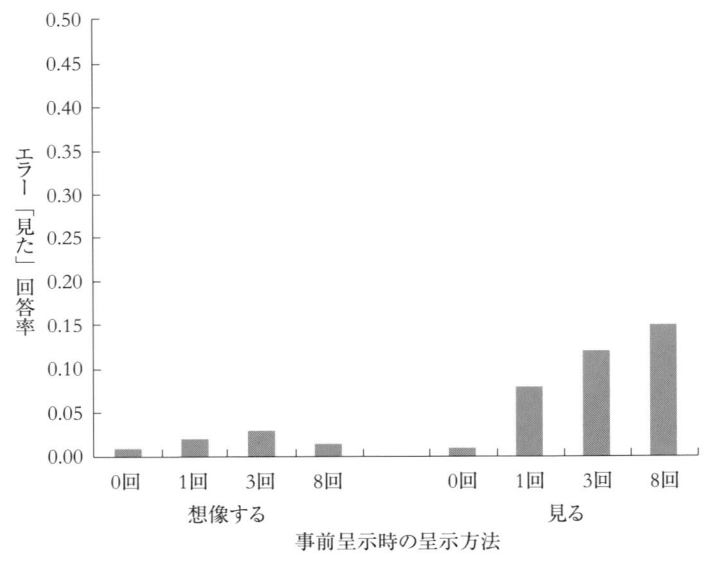

図6 学習時に「想像した」項目のモニタリングエラー
　学習時に「想像した」ため「想像した」と回答すると正解である。
　事前に「想像した」場合は，その回数によらず「見た」と誤って回答する比率は低い。一方，事前に「見た」場合は，事前に見る回数が増えるにしたがって「見た」と誤って回答する比率が上がった。

2-3-2 【分からなくてもいい実験】：
「分からない」という選択肢がインプットモニタリングに及ぼす影響

　そこで，2-3-1の実験を2点変更して実験を行った。一つ目の変更点は，事前呈示頻度の影響をさらに詳細に調べるために事前呈示の回数を増やしたことである。二つ目の変更点は，「見た」「想像した」「未学習」の選択肢に「分からない」という選択肢を増やしたことである。具体的には，事前呈示時，2-3-1と同様の方法で，項目を見るか想像するかの指示を出した。各項目の呈示頻度は1回，8回，15回の3種類とし，呈示順序はランダムに行った。次の日，つまり学習時は，事前呈示時に見た項目，想像した項目，もしくは呈示されなかった項目，これらすべてを，見るか，想像するか，もしくは呈示しないかの条件に分けた。学習終了15分後のモニタリングでは実験参加者には，それぞれの項目について，昨日ではなく今日「見た」場合は"1"を，「想像した」場合は"2"を，今日は呈示されていない（未呈示）場合は"3"を，今日呈示されたとは思うが見たか想像したかは覚えていないときは，分からないということで"4"を選択してキーを押すよう求めた。

　図7左に示すのは，事前呈示時に見て学習時には想像した項目のモニタリングエラー，つまり「見た」と誤って回答した比率であり，図7右に示すのは，事前呈示時に想像して学習時には見た項目のモニタリングエラー，つまり「想像した」と誤って回答した比率である。それぞれ図7左は図6右と，図7右は図5左と対応する。「見た」と誤って回答した比率は，2-3-1の実験結果と同様，事前に呈示していないときはほぼ0で，事前呈示時に見る回数が増加するにつれ高くなり，事前に15回見た項目に関しては，学習時には想像したにもかかわら

2章 「以前に見たはず」

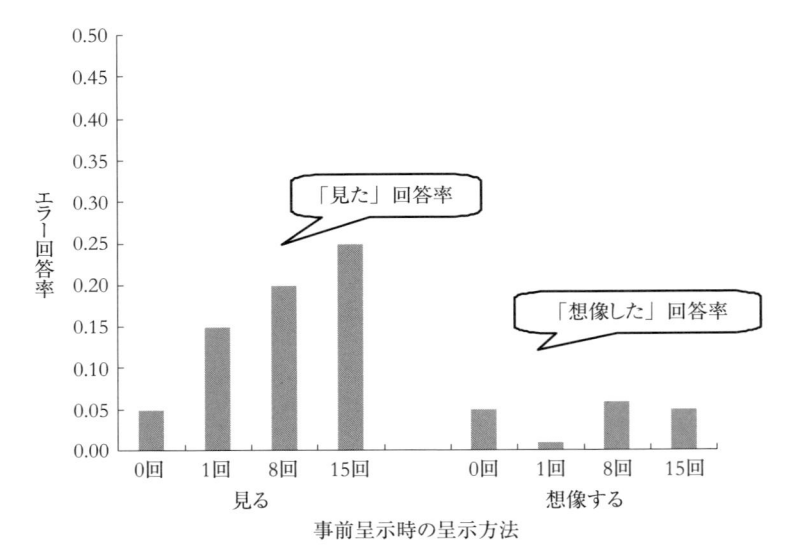

図7 事前呈示時と学習時の呈示方法が異なる条件におけるモニタリングエラー（左は事前に「見て」学習時「想像した」項目，右は事前に「想像して」学習時「見た」項目）

事前に見れば見るほど，学習時「想像した」にもかかわらず「見た」と回答する比率が上昇した。

一方事前に想像した場合は，学習時に「見た」にもかかわらず「想像した」と回答する比率は低いままであった。

ず「見た」と誤って回答する比率が0.24となった。一方，学習時には見たにもかかわらず「想像した」と誤って回答した比率は，2-3-1の実験結果と異なり，低い比率であった。このことから，2-3-1の実験で得た「想像した」と誤って回答した比率の中には，「分からない」が含まれていたことがうかがえる。

　つまり，2-3-1の実験では，モニタリング時に「分からない」という選択肢がなかったために，実験参加者は，意識的に見たか想像したかが分からない場合に「想像した」と回答してしまったことが明らかになった。「想像した」と誤って回答しているもののうち，多くは，「よく分からないから一応想像したと答えておこう」としたものなのである。一方で，「見た」と誤って回答している場合，実験者は自信を持って「見た」と答えていると考えられる。このことから，リアリティ判断における「想像した」への誤回答より，時間判断エラーの結果である「見た」への誤回答のほうが，自信がある答えである分，危険であるといえる。

2-4 インプットモニタリングエラーと時間判断（まとめ）

　本章で行ったインプットモニタリング実験は，これまでの研究が抱えていた以下二つの問題点を解決するためのものだった。第1の問題点は，これまでの研究がリアリティ判断の観点からのみ「見たかどうかが分からなくなる」エラーを扱っているという欠陥があった点である。そこで2-2の実験では，一般的なインプットモニタリング実験パラダイムを用いて時間判断の性質を検討した。その結果，時間判断

を正確に行うのは困難であること，つまり「見た」か「想像したか」の区別ができた場合でも，「1日目の出来事だったか」か「2日目の出来事だったか」という区別はできていない場合が多いことが明らかになった。これは，時間判断の観点から「見たかどうかが分からなくなる」エラーを扱っていくことが必要であることを示している。

　第2の問題点は，これまでの研究が各々の項目を1種類のソース（「見る」か「想像する」かなど）から1回のみ学習させていた点である。日常生活においては，何度も見たり想像したりしていることに対して，「ある特定の時，見たか」という判断が必要になることが多い。2-2で明らかになったように，時間判断はリアリティ判断以上に「見たかどうかが分からなくなる」エラーに関わっているようである。そこで2-3では，事前に見たり想像したりしたことが，ある特定のときに見たか想像したかの区別にどのような影響を及ぼすのかについて検討した。その結果，事前に何度も見たものに対しては，ある特定の時には見ていなくとも「見た」と誤って判断する傾向にあることが分かった。また，「想像した」と誤って判断する背後には，「よく分からないからとりあえず現実には見ていないということにしておこう」という考えが含まれるのに対し，「見た」と誤って判断する場合には自信があることがうかがえる。

　以上のことを確認して，次章からは，アウトプットモニタリングに話をすすめよう。

3章

「あれ，きちんと済ましたっけ？」
アウトプットモニタリングとそのエラー

はじめに

　ある出来事を出力する際の周辺情報についての研究，その中でも「やったかどうか」に関するアウトプットモニタリングの研究は，インプットモニタリングと比べると少ない。そのため，実験パラダイムが確立されておらず，他の研究領域の実験パラダイムを利用している状態である。本章では，まず，先行研究で用いられている三つの領域の実験パラダイムを紹介し (3-1)，その次に，先行研究で用いられている実験パラダイムを利用して筆者が行った，「言ったかどうか」に関する発話アウトプットモニタリング研究を紹介する (3-2)。その後，筆者が考案した実験パラダイムとその実験パラダイムを用いて明らかにしたアウトプットモニタリングエラーを起こす原因について論じる (3-3)。

3-1
先行研究の三つの実験パラダイムの問題点

3-1-1　単語記憶テスト研究の実験パラダイムを利用した研究

　そもそも，アウトプットモニタリング研究は，Gardiner らが単語記憶テスト研究で用いられているパラダイムを利用するところから始まった (Gardiner & Klee, 1976)。単語記憶テストとは，文字通りどれだけの単語を記憶できるかを測定するテストであり，記憶できた単語数をもってその人の記憶成績とする。通常，単語記憶テストで用いられ

3章 「あれ，きちんと済ましたっけ？」

ているパラダイムは，学習とテストの2段階からなる（図8）。たとえば，学習時，パソコンのモニタに一つ一つ単語が映し出され，実験参加者はなるべくたくさん覚えておくように教示される。学習が終わったらある期間をおいて（実験によっては15分後，7日後，2週間後，1ヵ月後など），テストに移る。テストには再生テストと再認テストの2種類がある。再生テストの場合，学習時に呈示された単語をなるべく思い出して紙に書くよう求められる。再認テストの場合，学習時に呈示された単語と呈示されなかった未呈示単語がランダムに呈示され，それぞれについて「学習したか否か」の判断が求められる。

　Gardinerらは，この単語記憶テストの実験パラダイムを使用して，テスト後にモニタリングを追加した（図9）。モニタリング時には，学習時に呈示された単語と呈示されなかった単語一つ一つについて，「学習時に出てきましたか？　また，学習時に出てきた場合，あなたはテスト時に思い出せましたか？」と聞いた。その結果，再認テストで「学習したか否かを選んだ」場合より，再生テストで「学習した単語を書いた」ほうが，モニタリング時に「この単語を思い出せた，あの単語は思い出せなかった」というアウトプットモニタリングが正確にできることが明らかになった。さらに，再生テストの中でも，学習した単語をなるべく思い出して「発声した」場合より「紙に書いた」場合のほうが，また「紙に書いた」場合より「発声しながら紙に書いた」場合のほうが，アウトプットモニタリングが正確にできることが明らかになった。つまり，テスト時に，考えて答えをアウトプットすること，答えをより大変な方法でアウトプットすること，この二つが「やったかどうか」のアウトプットモニタリングの正答に関わるのである。

　単語記憶テストの実験パラダイムには，単語を材料としていることによる制限がある。このパラダイムでは「学習した単語を思い出せた

3-1　先行研究の三つの実験パラダイムの問題点

学習

りんご
うさぎ
かさ
くぎ

テスト

再生テスト
・学習した単語をなるべく
　たくさん書いて下さい。

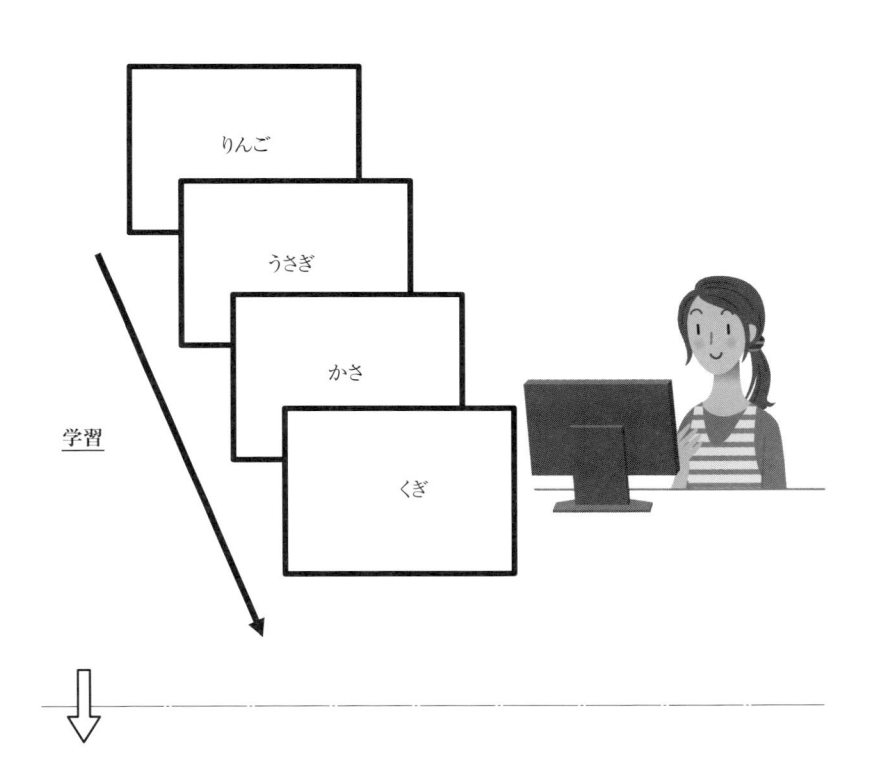

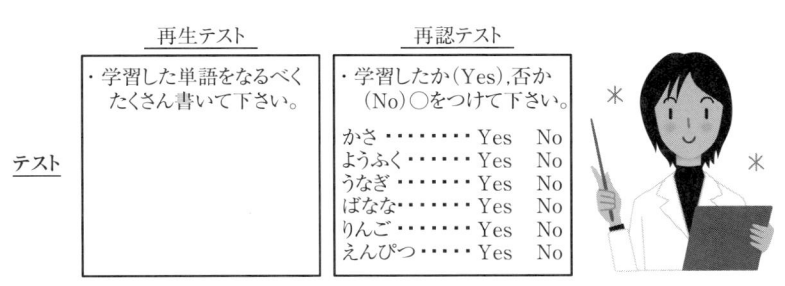

再認テスト
・学習したか(Yes),否か
　(No)○をつけて下さい。
かさ……Yes　No
ようふく……Yes　No
うなぎ……Yes　No
ばなな……Yes　No
りんご……Yes　No
えんぴつ……Yes　No

図 8　単語記憶テストの実験パラダイム

3章 「あれ，きちんと済ましたっけ？」

学習

再生テスト
・学習した単語をなるべく
　たくさん書いて下さい。

再認テスト
・学習したか(Yes),否か
　(No)○をつけて下さい。

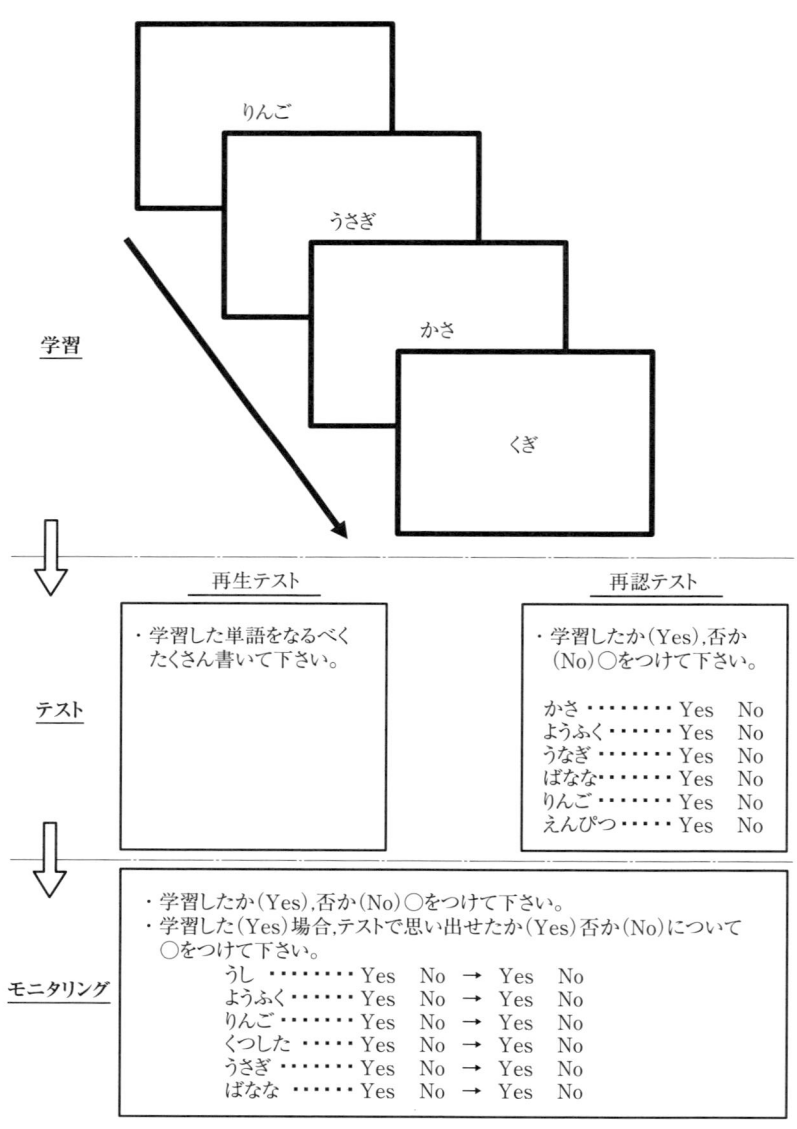

かさ・・・・・・・・Yes　No
ようふく・・・・・・Yes　No
うなぎ・・・・・・・Yes　No
ばなな・・・・・・・Yes　No
りんご・・・・・・・Yes　No
えんぴつ・・・・・・Yes　No

テスト

モニタリング
・学習したか(Yes),否か(No)○をつけて下さい。
・学習した(Yes)場合,テストで思い出せたか(Yes)否か(No)について
　○をつけて下さい。

うし　・・・・・・Yes　No　→　Yes　No
ようふく・・・・・Yes　No　→　Yes　No
りんご　・・・・・Yes　No　→　Yes　No
くつした・・・・・Yes　No　→　Yes　No
うさぎ　・・・・・Yes　No　→　Yes　No
ばなな　・・・・・Yes　No　→　Yes　No

図9　単語記憶テストの実験パラダイムを利用したアウトプットモニタリングテスト

かどうか」ということが日常生活における「やるべきことを実行できたかどうか」ということに対応するとみなされている。しかし，単語それ自体は行為や経験といったエピソードではない。したがって，この実験では，「単語を思い出せたかどうか」は検討できるが，「行為を実演できたかどうか」という日常生活における行為事象については，十分に考察されているとはいえない。

3-1-2　展望的記憶研究の実験パラダイムを利用した研究

次に紹介するのは，展望的記憶の実験パラダイムを使用した研究である（Marsh, Hicks, Hancock, & Munsayac, 2002）。展望的記憶とは，「明日飲み会に参加する」，「〇〇さんに会ったらこの手紙を渡す」，「夕食の後，薬を飲む」など，未来にすべきことに関する記憶のことをいう。未来にすべきことをどのように覚えているかを検証するために展望的記憶研究の実験パラダイムが考案された（図10：Einstein & McDaniel, 1990）。

そこでは複数の単語を一つずつ呈示し，実験参加者には各単語について，「どの程度イメージしやすいか，5段階で評価して下さい」といった内容のイメージ評定などをさせる。実はこれは背景課題であり，本来の目的は違うところにある。イメージ評定と同時に，たとえば「動物の名前が呈示された場合はイメージ評定の前に"k"のキーを押して下さい」といった内容で，ある種類の単語が呈示された場合には，特別な行為をするように事前に指示しておく。これがメインの展望的記憶課題である。つまり，背景課題に展望的記憶課題を埋め込んだ形式になっている。このパラダイムの長所は，展望的記憶課題自体は単純な行為であるにもかかわらず，背景課題があるためにやり忘

3章 「あれ，きちんと済ましたっけ？」

動物の名前が呈示された場合はイメージ評定の前に"k"キーを押して下さい。

ヒマワリ
1・2・3・4・5

消しゴム
1・2・3・4・5

キリン
1・2・3・4・5

落花生
1・2・3・4・5

りんご
1・2・3・4・5

ブーツ
1・2・3・4・5

ライオン
1・2・3・4・5

りんご
1・2・3・4・5

3

背景課題＋展望的記憶課題

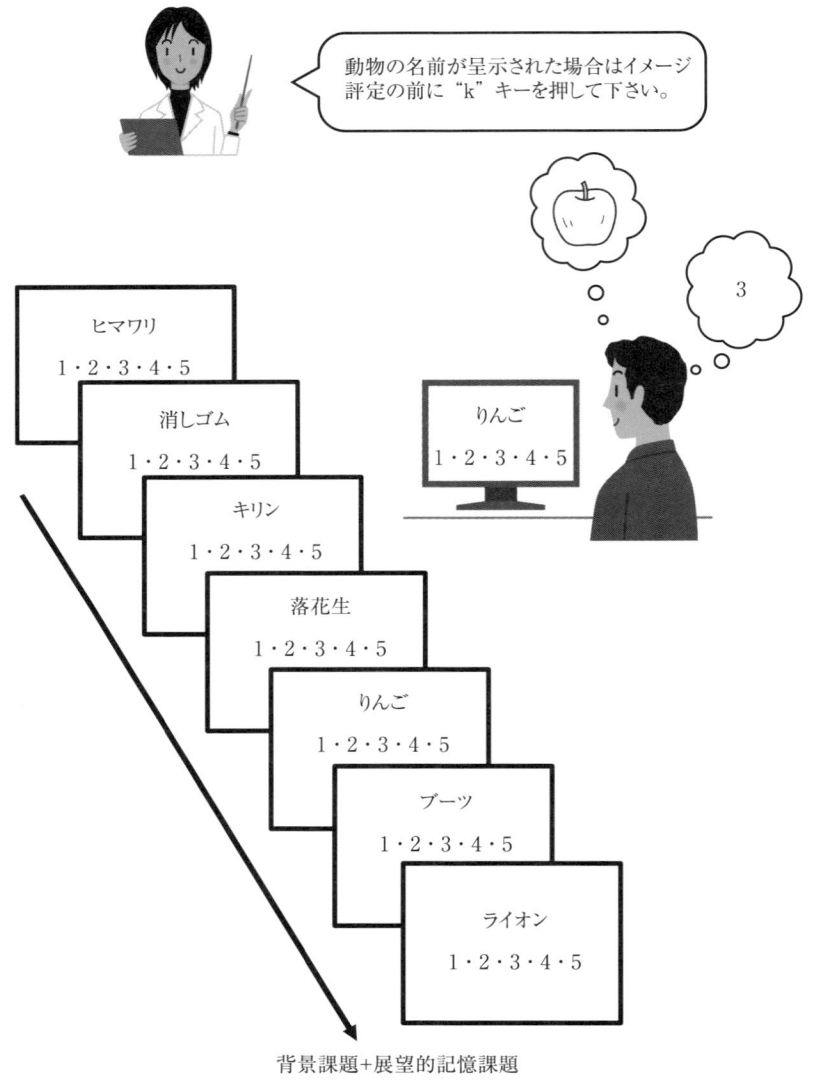

図10　展望的記憶の実験パラダイム

れることがあるという状況を作り出している点である。

　Marshらは，この展望的記憶の実験パラダイムに，モニタリングを追加した（図11）。モニタリング時には，背景課題＋展望的記憶課題時に呈示された動物の名前と呈示されていない動物の名前一つ一つに対して，「さきほど呈示されたか，呈示された場合，"k"キーを忘れずに押せたか」とたずねた。その結果，単語が呈示されたことは覚えている場合でも，その時に自分が"k"を押すという行為を実演したかどうかについては覚えていない場合が多いということが明らかになった。さらに，lionが呈示されたときには"l"，bearが呈示されたときには"b"を押すというように，呈示された単語の頭文字を押すよう教示した場合，どの動物が呈示されたときにも"k"を押す条件と比較して，アウトプットモニタリング成績が上昇した。これは日常生活において，誰に話したか忘れてしまうことを防ぐときに使えそうである。「Aさんに話すときには，○○という言い方をする」「Bさんに話すときには××の話も付け加えておく」などといったように，同じ話をするときでも弁別性のある行動を行うと，アウトプットモニタリングが正確になるだろう。

　前節で紹介した単語記憶テストと異なる点は，複数の単語を記憶して再生・再認する単語記憶テストでは，「アウトプット＝記憶すべき単語の再認や再生」であり，アウトプットが難しい課題であるのに対して，展望的記憶パラダイムでは，「アウトプット＝"k"キーを押す」であり，アウトプットそのものは容易な点である。つまり，行為の難易度の点では，日常生活における比較的容易な行為に対応しているといえる。しかし，動物の単語が呈示されたときに"k"キーを押すという行為が，日常生活からかけ離れている点が問題である。

3章 「あれ、きちんと済ましたっけ？」

背景課題+展望的記憶課題

ヒマワリ
1・2・3・4・5

消しゴム
1・2・3・4・5

キリン
1・2・3・4・5

落花生
1・2・3・4・5

りんご
1・2・3・4・5

ブーツ
1・2・3・4・5

ライオン
1・2・3・4・5

モニタリング

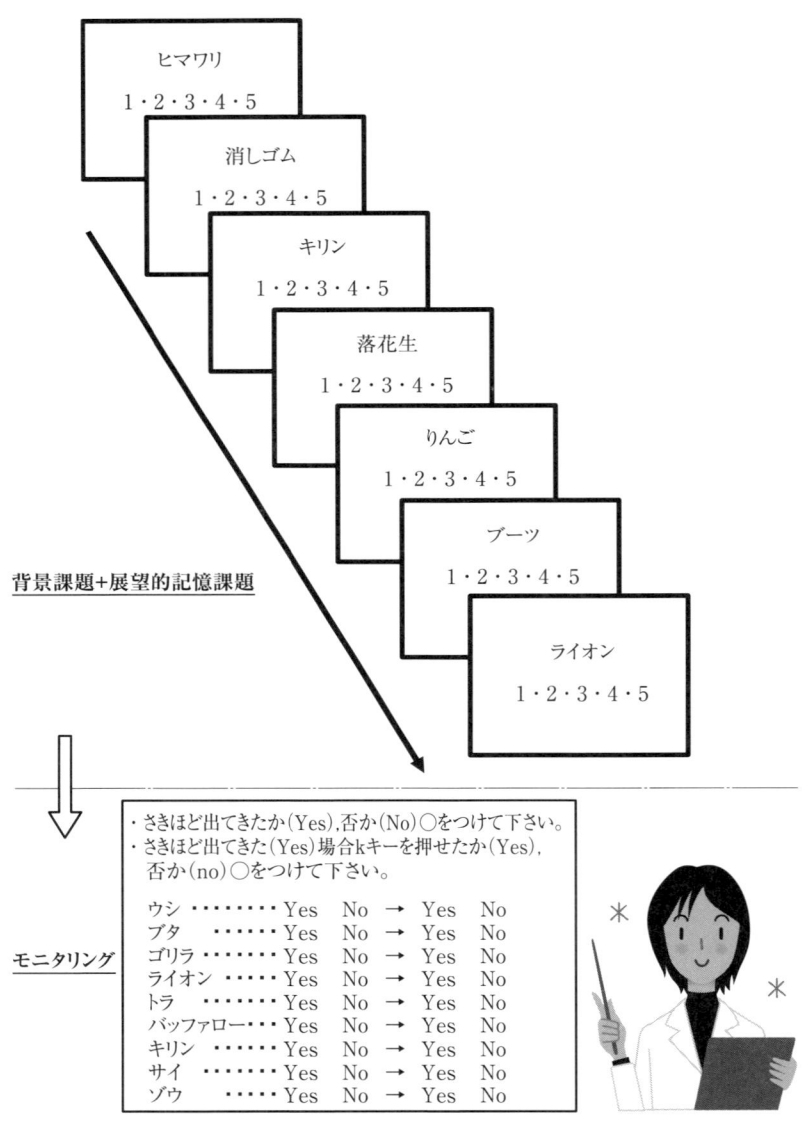

・さきほど出てきたか(Yes),否か(No)○をつけて下さい。
・さきほど出てきた(Yes)場合kキーを押せたか(Yes),
　否か(no)○をつけて下さい。

ウシ ・・・・・・・Yes　No　→　Yes　No
ブタ 　・・・・・・Yes　No　→　Yes　No
ゴリラ ・・・・・・Yes　No　→　Yes　No
ライオン ・・・・・Yes　No　→　Yes　No
トラ 　・・・・・・Yes　No　→　Yes　No
バッファロー・・・・Yes　No　→　Yes　No
キリン ・・・・・・Yes　No　→　Yes　No
サイ 　・・・・・・Yes　No　→　Yes　No
ゾウ 　・・・・・・Yes　No　→　Yes　No

図 11 展望的記憶の実験パラダイムを利用したアウトプットモニタリングテスト

3-1-3 インプットモニタリング研究の実験パラダイムを利用した研究

インプットモニタリング研究で使用されている実験パラダイムをそのまま利用した研究も存在する (Leynes & Bink, 2002)。Leynes らは,「手を挙げる」,「鼻をつつく」,「おでこをたたく」といった行動文を実験材料として用いた。彼らは実験参加者に, 学習時パソコンのモニタに「実演」と呈示されたのち行動文が呈示された場合は, 行動文の示す通りに実演し,「想像」と呈示されたのち行動文が呈示された場合は, 頭の中で実演をイメージするよう教示した。モニタリング時には, 学習時に実演した行動文, 想像した行動文, 呈示されていない (未呈示の) 行動文について,「実演した」,「想像した」,「未学習」の中から選択するよう教示した (図12)。この場合, インプットモニタリング研究において, 見たか想像したかが分からないときは「想像した」と判断する傾向が見られた (第2章参照) のと同様, 実演したか想像したかが分からないときは「想像した」と判断する傾向が見られている。

このパラダイムは単語記憶テストや展望的記憶テストとは異なり, 行為事象を材料としている。しかし, 鍵をかけたかどうかが分からなくなるといった類のアウトプットモニタリングエラーを調べるためにこの実験パラダイムを使用するのは難しい。なぜなら, アウトプットモニタリングエラーは「実演したこと」と「実演し忘れたこと」の区別であり, 誰かに「実演すること」と「実演しないこと」を前もって指示されているわけではない。しかし, この実験課題では「実演すること」と「実演しないこと (想像)」をあらかじめ実験者が決めた上で, 被験者に実演か想像かを行わせている。したがって, このパラダイムで「実演したこと」と「実演し忘れたこと」の区別をする認知過

3章 「あれ，きちんと済ましたっけ？」

学習

実演
首をふる
想像
両手を挙げる
想像
おでこを触る
実演
肩をたたく

モニタリング

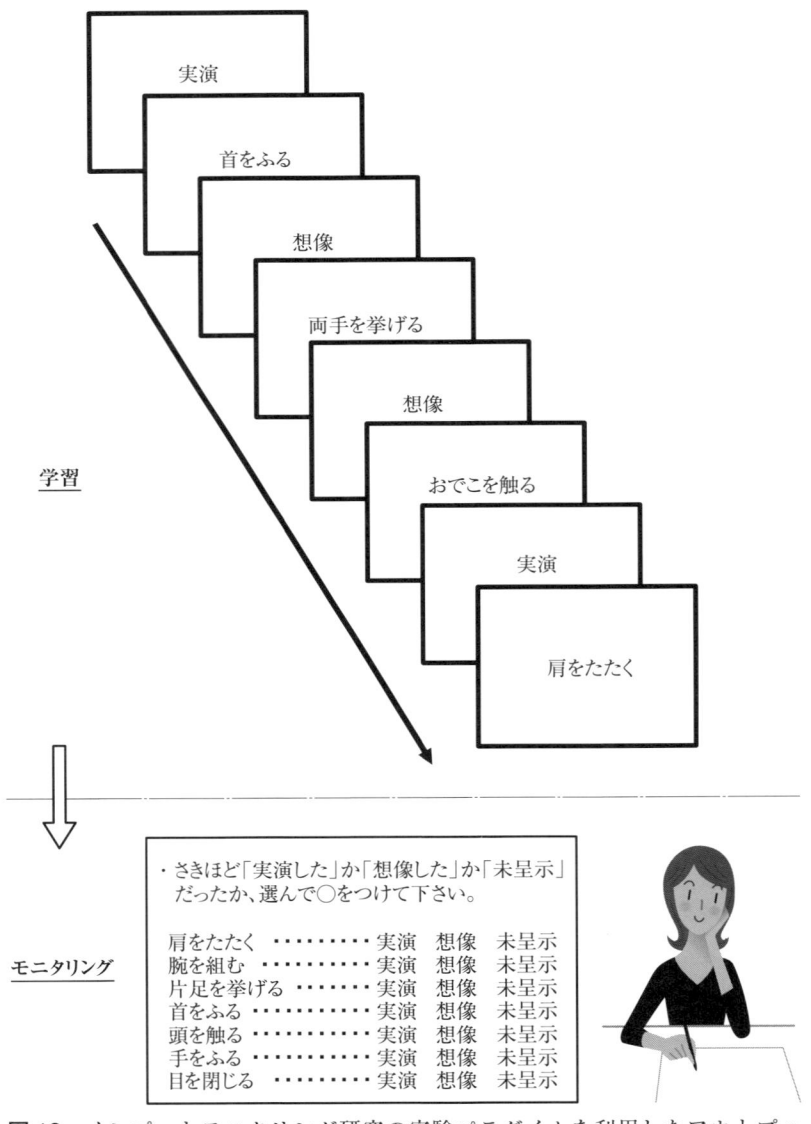

・さきほど「実演した」か「想像した」か「未呈示」だったか、選んで○をつけて下さい。

肩をたたく ・・・・・・・・ 実演　想像　未呈示
腕を組む ・・・・・・・・・ 実演　想像　未呈示
片足を挙げる ・・・・・・ 実演　想像　未呈示
首をふる ・・・・・・・・・ 実演　想像　未呈示
頭を触る ・・・・・・・・・ 実演　想像　未呈示
手をふる ・・・・・・・・・ 実演　想像　未呈示
目を閉じる ・・・・・・・・ 実演　想像　未呈示

図12　インプットモニタリング研究の実験パラダイムを利用したアウトプットモニタリングテスト

程を検討することは不可能である。筆者は，このパラダイムを用いることにより，「自分は言ったか，言っていないか」，もしくは「自分が言ったか他者から聞いたか」を区別する，発話アウトプットモニタリングについて検討できると考えた。そこで次節では，このパラダイムを利用し，発話アウトプットモニタリングのエラー要因を明らかにした筆者の研究を紹介する。

3-2
インプットモニタリング研究の実験パラダイムを利用した発話アウトプットモニタリング研究

　発話は行為の一種であるが，発話すると同時に口を動かしたり声帯が震えたりという感覚が得られるだけでなく，外部から自分の声が聞こえてくるという点で，行為すると同時に自分が動いている感覚が得られるだけの他の種類の行為とは異なる。そのため，発話以外の行為の場合は，人が動いている様子などの視覚情報が残っていれば「他者が行った」と判断できるのに対し，発話の場合は，聴覚情報が残っている場合でも，それが「自分の声ではなく他者の声だ」という判断をして初めて「他者が発話した」と結論することができる。このことから，発話以外の行為において「自分が行為を行ったか，それとも他者の行為を見ていたのか」という判断を混同する機会より，発話において「自分が発話したのか，それとも他者の発話を聞いていたのか」という判断を混同する機会は多くなることはうなずける。では，どのように自分の発話と他者の発話を混同するのだろうか？　1-1-1で挙げたように，声の質が似ている人たち同士のソース判断は，声の質が

まったく異なる人たち同士のソース判断よりも困難である．このことから，自分の声とまったく異なる質の声を持つ人よりも，自分の声と似ている質の声を持つ人との間で，「自分の発話か，他者の発話か」の区別が困難になることが予想される．では，自分の声と似た声の場合，他者の発話を「自分の発話」だと判断するのだろうか？　それとも，自分の発話を「他者の発話」だと判断するのだろうか？　これらのことについて検討した実験をここで紹介する．

3-2-1 【言ったか言ってないか実験】：課題の難易度とアウトプットモニタリングの関係

　自分が発話していない言葉に対して，後に「自分が発話した」と判断する要因は何だろうか？　逆に，自分の発話した言葉に対して，後に「自分は発話していない」と判断する要因は何だろうか？　自分が以前から考えていたアイディアを，誰かが言ったとき，「それは以前自分が言ったアイディアではないか？　この人は私のアイディアを盗んだのではないか？」と思うことがあるかもしれない．しかし実際，いくら以前から考えていたアイディアでも，それを誰かに発していない限り，それはあなたのアイディアとして他者から認知されることはないのである．自分が深く考えたアイディアであればあるほど，実際にそれを誰かに言っていなくても「言った」と思い込んでしまうことがあるのではないだろうか？　逆に，誰かの考えをただ読んだだけの場合や，誰かに言わされただけの言葉の場合，後に「自分が言った」ことを忘れてしまいがちになるのではないだろうか？　これらのことを検討するために，次のような実験を行った．

3-2　インプットモニタリング研究の実験パラダイムを利用した発話アウトプットモニタリング研究

1）　実験の方法

　「あさがお」「かきとり」「あけがた」といった，4文字の平仮名からなる単語を56単語用いた。24単語は生成条件に，他の24単語は非生成条件に，残りの8単語はテスト時にだけ呈示される学習時未呈示項目に当てはめた。生成条件では，たとえば「あがさお」のように4文字の単語のうちどれか二つが入れ替わっている状態でパソコンのモニタに呈示した。生成条件は，日常生活における一生懸命考えた言葉に当てはまる。実験参加者には，入れ替わった状態で呈示されている単語から正解の単語を生成するよう教示され，その後，「発声」という教示が呈示された場合は，声に出して発話し，「口真似」という教示が呈示された場合は，声には出さす口を動かし，「想像」という教示が呈示された場合は，心の中でのみ読み上げるよう指示した。

　一方，非生成条件では，「あさがお」は「あさがお」のように正しい状態のまま呈示した。非生成条件は，日常生活における何も考えず読み上げただけの言葉に当てはまる。非生成条件でも，単語呈示ののち，「発声」，「口真似」，「想像」のいずれかの教示が呈示されるため，それぞれの教示に応じて，声に出して発声するか，声には出さず口を動かすか，心の中で言うかをするよう指示した。生成条件，非生成条件ともに，24単語のうち8単語ずつを「発声」「口真似」「想像」にそれぞれ割り当てた。

　43名の実験参加者のうち，22名には生成条件→非生成条件→アウトプットモニタリングの順で実験をすすめ，残りの21名には非生成条件→生成条件→アウトプットモニタリングの順で実験をすすめた。生成条件で24単語，非生成条件で他の24単語を呈示した後，アウトプットモニタリングに移った。アウトプットモニタリング段階では，生成条件で呈示した24単語，非生成条件で呈示した24単語，

そしてどちらの条件でも呈示していない8単語，つまり56単語をランダムに一つ一つ呈示し，「発話したか否か」についてたずねた。つまり，生成条件で学習したか，非生成条件で学習したかは問わず，どちらの条件で学習した場合も，「発声」と教示され，声に出して発話した場合のみ「Yes」と回答し，「口真似」した場合も「想像」した場合も，またアウトプットモニタリング時にだけ呈示された単語に対しても「No」と回答したら正答となる。

2) 実験の結果

生成条件→非生成条件→アウトプットモニタリングの順で実験をすすめた場合も，非生成条件→生成条件→アウトプットモニタリングの順で実験をすすめた場合も，結果に違いが見られなかったのでまとめて分析を行った。

図13から明らかなように，生成条件で学習した単語は，非生成条件で学習した単語と比較して，学習時に実際に発話したかどうかにかかわらず「発話した」と回答する比率が高いことが明らかになった。

さて，生成条件には「あさ**おが**（あさがお）」や「お**もま**り（おまもり）」のように，隣同士の2語を入れ替える生成課題と，「**が**さ**あ**お」や「お**り**も**ま**」のように一つおきの2語を入れ替える生成課題があった。前者の生成課題は，後者のものと比べて比較的難易度が低い。生成課題の難易度が高い場合と低い場合で，「発話した」回答率に違いがあるかを調べた結果，図14に示すよう，難易度が高い生成条件で学習した単語は，難易度が低い生成条件で学習した単語と比較して，実際に発話したか否かにかかわらず「発話した」と回答する傾向にあることが明らかになった。

以上から，あれこれ深く考えたことは，実際に言っていなくても「自

3-2　インプットモニタリング研究の実験パラダイムを利用した発話アウトプットモニタリング研究

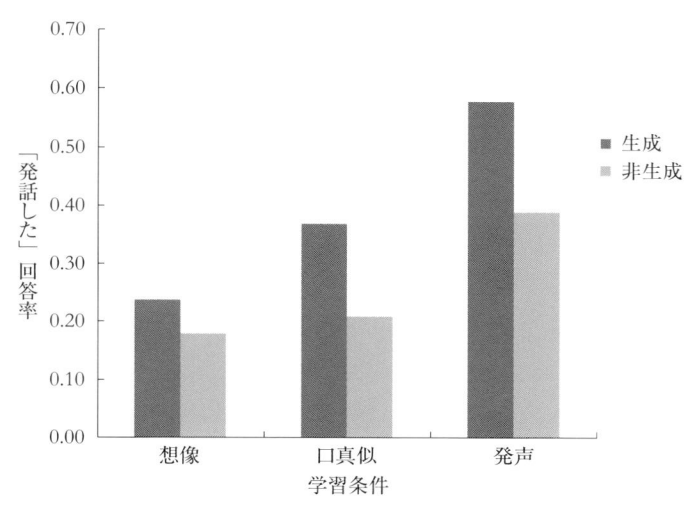

図 13　生成条件，非生成条件における「発話した」回答率

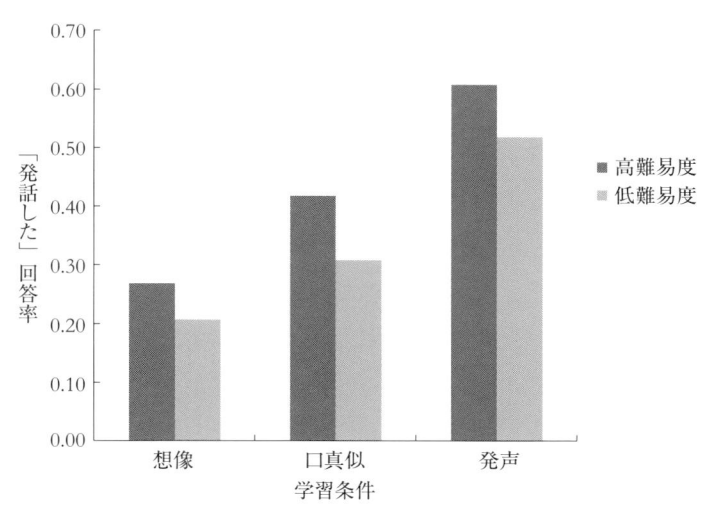

図 14　生成条件の難易度別「発話した」回答率

分が発言した」と考える傾向にあること，逆に何も考えずただ発した事柄に関しては「自分は発言していない」と考える傾向にあるということがいえよう．この結果から，何も考えずにその場のノリで言った言葉を，言った本人は忘れているけれど言われた側は覚えているという出来事もうなずける話であることが分かる．

3-2-2 【言ったのはあなた？　わたし？　実験】：
課題の難易度と知覚類似度がアウトプットモニタリングに及ぼす影響

　前述の研究と，声の質が似ているとソースモニタリングエラーが起きやすいという先行研究を合わせると，以下のような二つの仮説を立てることができる．一つ目は，深く考えた言葉の場合，実際に自分が発することがなく，代わりに自分の声と似ている声を持つ人が発したとしても，「自分が発言した」と答える傾向が高くなるのではないか，というものである．二つ目は，逆に考えずに発した言葉の場合，実際に自分が発したにもかかわらず，自分の声と似ている声を持つ人に対して「あなたが発言した」と答える傾向が高くなるのではないだろうか，というものである．これら二つの仮説を実証するために筆者が行った研究を紹介する．

　1）　実験の方法
　4文字，もしくは5文字からなる32の平仮名単語とその単語を発声する男性の音声，女性の音声を材料として用いた．男性の実験参加者にとって，男性の音声は同性で類似性の高い音声であり女性の音声は異性で類似性の低い音声ということになる．同様に，女性の実験参加者にとって，女性の音声は同性で類似性の高い音声であり男性の音

声は異性で類似性の低い音声ということになる。この実験では生成条件と非生成条件を別々の実験参加者に行ってもらった。59名の実験参加者を生成条件に，49名の実験参加者を非生成条件に割り当てた。32単語は，8単語ずつ実験参加者が発声する条件（発声条件），男性の声を聴く条件（男性条件），女性の声を聴く条件（女性条件），テスト時にのみ呈示する学習時未呈示条件（未呈示条件）に割り当てた。

　生成条件で学習した実験参加者には，学習時，4文字から5文字のうち2文字が入れ替わった不完全な単語（にわりと）を呈示し，その不完全な単語から正しい単語を頭の中で生成するよう指示した。その後「発声」という教示が呈示された場合は，声に出して単語を発声し，「聴く」という教示が呈示された場合は，その単語を読み上げる男性か女性の声が聞こえてくるのでそれを聴くよう教示した。非生成条件で学習した実験参加者には，学習時，単語を正しい形で呈示し，その後呈示される「発声」か「聴く」の教示に合わせて，単語を発声するか，男性か女性の声から発されるその単語の音声を聴くかするよう指示した。学習後，テストに移った。テストでは，一つ一つの単語について，「男性の声で聴いたか女性の声で聴いたか」ということは問わず，「自分で発話したか，聴いたか，それとも呈示されていなかったか？」という3択で回答させた。

2）　実験の結果

　実験参加者が男性の場合「男性の声で聴いた」と回答したものを，女性の場合「女性の声で聴いた」と回答したものを，「同性の声で聴いた」と回答したものとして分析し，実験参加者が男性の場合「女性の声で聴いた」と回答したものを，女性の場合「男性の声で聴いた」と回答したものを，「異性の声で聴いた」と回答したものとして分析

した。

　図15は，発声した項目に対して，「自分の発話」，「同性の声で聴いた」，「異性の声で聴いた」とそれぞれ回答した比率を表している。「自分の発話」と回答したら正答である。生成条件で学習した単語は，非生成条件で学習した単語と比較して「自分の発話」だと回答する比率が高い。これは，3-2-1の【言ったか言ってないか実験】で明らかにした，じっくりと考えた言葉は「自分が発した」と判断し，考えずに読んだだけの言葉は「自分は発していない」と判断する傾向に合致するといえる。そして，非生成条件では，自分の発話を「同性の声で聴いた」と回答する比率が，生成条件と比較して高いことが明らかになった。つまり，考えずに読んだだけの言葉は，「自分ではなく自分の声と似ている誰かが発したのだ」と判断する傾向にあるということができる。

　図16には，同性の声で聴いた項目に対して，「同性の声で聴いた」と正答した場合，「自分の発話」と誤答した場合，「異性の声で聴いた」と誤答した場合の比率を表した。生成条件で学習した単語は，非生成条件で学習した単語と比較して，「同性の声で聴いた」と正答する比率が低く，「自分の声で聴いた」と誤答する比率が高いことが明らかになった。つまり，考えた言葉の場合，実際に発することがなかったにもかかわらず，「自分が発した」と回答する傾向が高いことは3-2-1の【言ったか言ってないか実験】で明らかになっていたが，さらに，他者の声で聴いたとしても自分の声と似ている声で聴いた場合にそのような傾向が見られることが明らかになった。いくら自分で考えたとしても，自分とまったく声質が異なる人の声でその言葉を聴いた場合には，記憶の中にその声が残り，「違う人の声で聴いた」という判断ができるのかもしれない。一方，同性の兄弟・姉妹など声質が似てい

3-2 インプットモニタリング研究の実験パラダイムを利用した発話アウトプットモニタリング研究

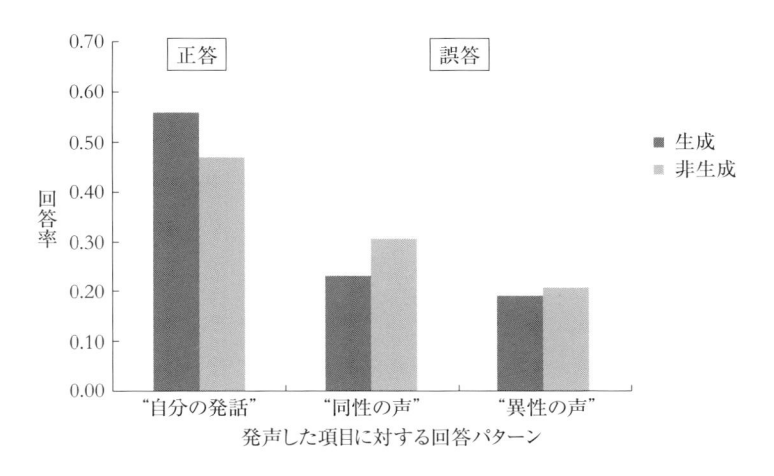

図 15 発声した項目に対しそれぞれの回答パターンに回答する比率

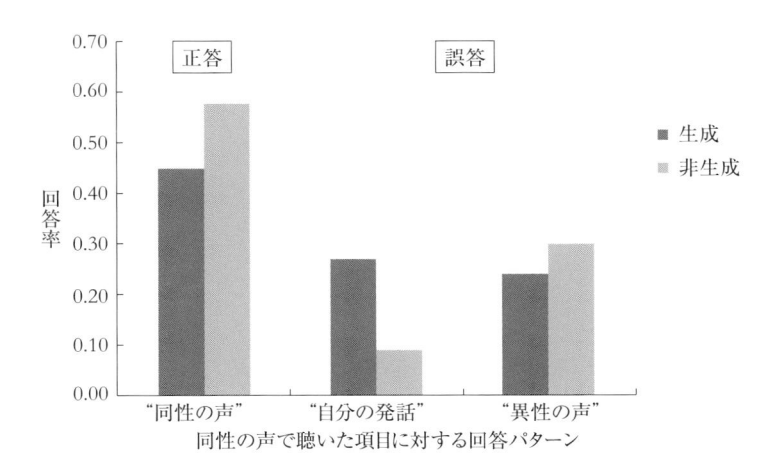

図 16 同性の声で聴いた項目に対しそれぞれの回答パターンに回答する比率

る場合は，自分の言ったことと相手の言ったことを混同する可能性が高いことを心に留めておいたほうがいい。そうすると，ある事柄について「それは私が言ったことだ」と思ったとしても，（もしかしたら，自分は思っただけで口には出しておらず，妹が声に出したことかもしれない）という考えが頭によぎり，争いを避けることができるかもしれない。

3-3 独自の実験パラダイムの考案と，明らかになったエラー要因

　ここで，「実演したこと」と「実演し忘れたこと」の区別をする認知過程の検討に話を戻そう。前述した通り，「実演したこと」と「実演し忘れたこと」の区別を意味するアウトプットモニタリングを研究する上では，先行研究で用いられている三つの実験パラダイムのいずれもが，問題を抱えている。そこで筆者は，これらの問題を踏まえ，インプットモニタリングと同様，アウトプットモニタリング研究でも標準化された実験手続きを新たに確立する必要があると考えたわけである。

3-3-1 【やり忘れ実験】パラダイム

　上記の問題意識から考案した，新しいアウトプットモニタリングの実験パラダイムは次のようなものである（図17）。
　この実験パラダイムは学習，実行，モニタリングの3段階からな

3-3 独自の実験パラダイムの考案と,明らかになったエラー要因

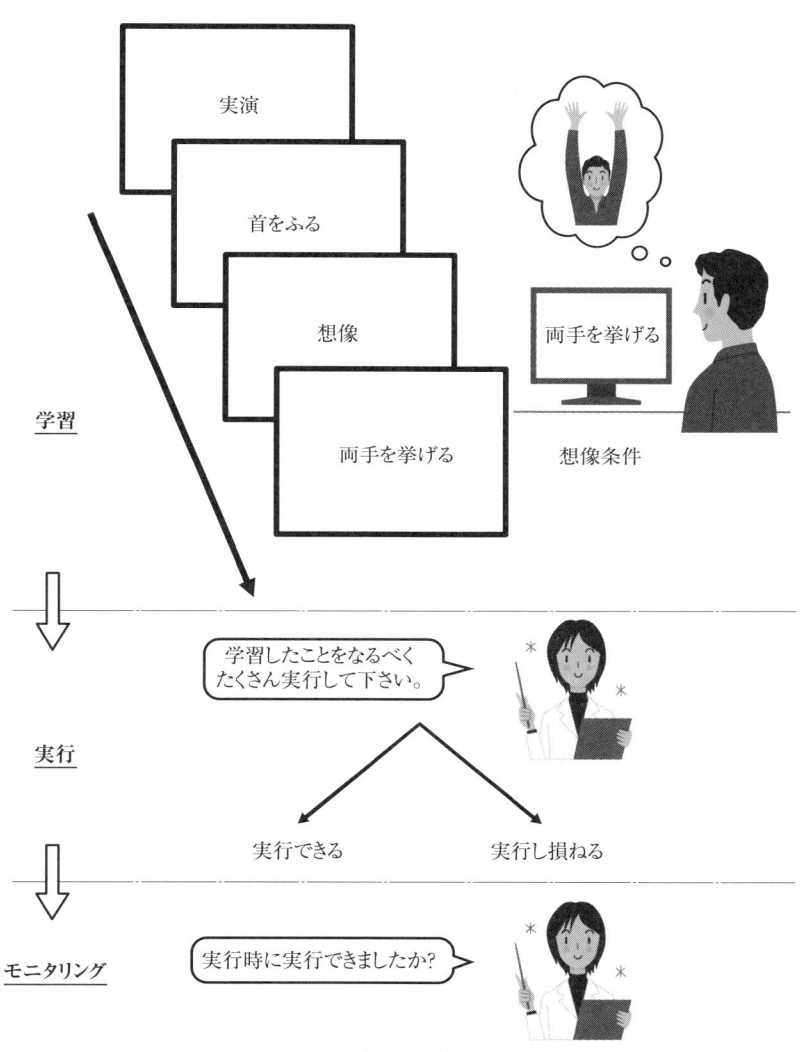

図17 【やり忘れ実験】パラダイム

る。具体的には，学習時には，インプットモニタリングの実験パラダイムにおける学習時と同様，各行為事象の文を「実演」か「想像」かのどちらかのソースで学習させた。これは日常生活において，実際に行動することで覚えたことと，頭に思い浮かべることで覚えたことに対応する。学習ののち，実行に移る。実行時には，「さきほど学習時に実演したり想像したりしたことをなるべく思い出して実行して下さい」と教示する。ここで実行できたことと実行し忘れたことが，日常生活における「実行したこと」と「実行し損ねたこと」に対応する。実行が終わるとモニタリングである。モニタリング時には，実行時に「実行した」か，「実行し損ねた」か，「そもそも学習していないか」の三つから選択させる。これにより，実際に実演したり想像したりして覚えたことを，ある特定の時に実行できたかどうかを判断するアウトプットモニタリングについて検討できる。筆者は，この実験パラダイムを用いることで，アウトプットモニタリングエラーを起こす要因を明らかにした。

3-3-2 【集中実行実験】：
学習時の反復がアウトプットモニタリングに及ぼす影響

　第2章で見たように，人は，事前に何度も見たことは，ある特定のときに見ていなくとも「見た」と誤って判断してしまいがちである。アウトプットモニタリングにも同じことがいえるかもしれない。つまり，学習時に何度も実演したことは，ある特定の時に実行し忘れたとしても，「実行できた」と判断してしまうのではないだろうか。このことを検証するため，まずは学習時の反復回数を操作し，集中して実行できる状態で実験を行った（【集中実行実験】）。具体的には以下のよ

うな手続きである。

　実験に用いた行為事象文は，金敷（2000）が作成したものから60項目を選択した。いずれも「あごを指さす」「肩をたたく」など身体部分を対象にした行為事象文である。これら60項目は，学習時に実演を3回する10項目，実演を1回する10項目，想像を3回する10項目，想像を1回する10項目，学習時には呈示されない20項目，に分けられた。学習時，3回実演もしくは想像する項目と，1回のみ実演もしくは想像する項目が存在するが，これらはランダムに呈示された。実行時は，学習時に実演や想像して覚えた行為をなるべく思い出して実行するよう教示し，実験参加者が実行している場面は，後の分析のためにビデオで撮影した。実験参加者自身がこれ以上は思い出せないと判断することで，実行段階は終了した。その後，数学の問題を解く妨害課題を15分間行い，続いてモニタリングに移った。モニタリング時は，学習された40項目（3回実演，1回実演，3回想像，1回想像10項目ずつ）と，新たに加えられた20項目の合計60項目について，アウトプットモニタリングを求めた。コンピュータのモニタ上に1項目が呈示され，「実行できた」場合は"1"，「実行し忘れた」場合は"2"，そもそも学習時に呈示されていない「未呈示」の場合は"3"のキーを押すよう求めた。

　まず，「実演」で学習した項目（1回，3回）と「想像」で学習した項目（1回，3回）が，実行時にそれぞれどの程度，忘れずに実行できたのかを表3に示す。この表から，実演して学習するほうが想像して学習するよりも，実行時に実行できる比率が高いことがいえる。これは実験参加者実演効果といわれ，多くの研究で報告されている（Cohen, 1989）。この他，実演して学習した場合も想像して学習した場合も，3回学習したほうが1回だけ学習するよりも，実行率が高いことが明ら

表3　学習条件別の実行率

	学習条件			
	実演		想像	
	1回	3回	1回	3回
実行率	0.80	1.00	0.59	0.77

かである。

　次に，「実行できたか実行し忘れたか」をモニタリング時にどの程度正確に行えるか検討した。その結果，どの条件でもモニタリングの正答率は98％から100％とほぼパーフェクトであった（平均98.9％）。つまり，たとえば学習時に実演を1回した項目のうち，8割は実行時に実行できており，2割を実行時に実行し忘れているが（表3），実験参加者は，実行できた8割の項目について「実行した」と判断でき，実行し損ねた2割の項目について「実行し損ねた」と判断できているというわけである。つまり，「実演」で学習した項目も，「想像」で学習した項目も，実行時に実行できたものとできなかったものの区別ができている（図18）。しかし，日常生活において，鍵をかけたかかけ忘れたかが分からなくなるような機会は多くある。では「実行できたか実行し忘れたか」を判断できなくなる原因はどこにあるのだろう？

3-3-3 【うわの空実行実験】：実行時の二次課題がアウトプットモニタリングに及ぼす影響

　「実行できたか実行し忘れたか」を判断できなくなる原因として，実行中に集中して実行しないことが考えられる。外出時，考え事をしていた場合，うわの空でいた場合に，鍵をかけたかどうかが分からな

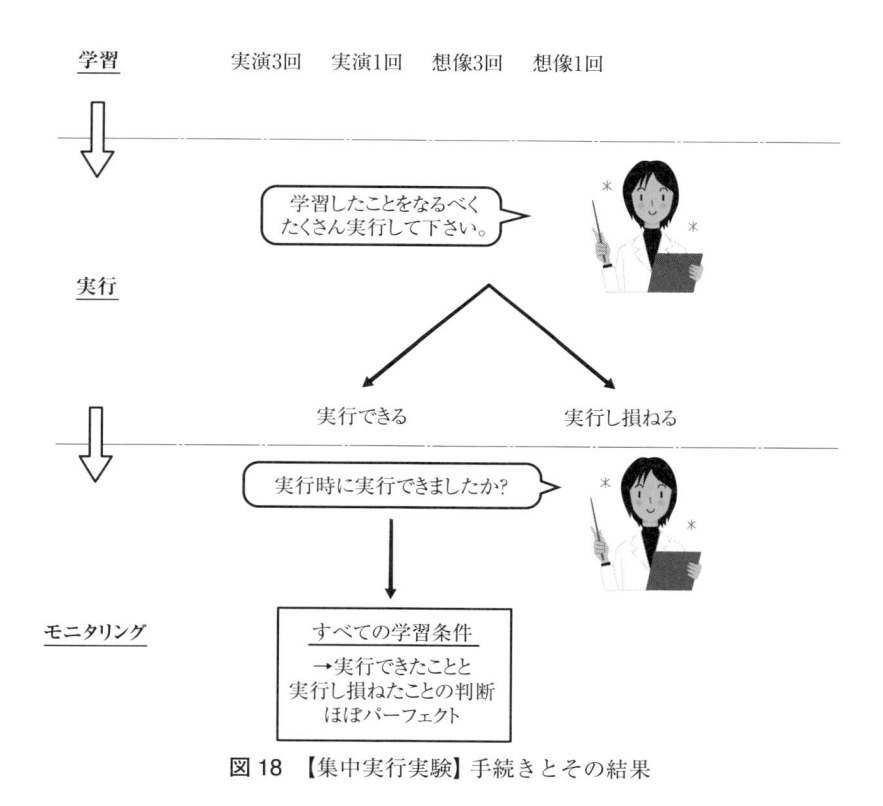

3-3 独自の実験パラダイムの考案と，明らかになったエラー要因

学習　　　　実演3回　　実演1回　　想像3回　　想像1回

⇩

実行　　　　学習したことをなるべく
　　　　　　たくさん実行して下さい。

　　　　　　　　　実行できる　　　　　実行し損ねる

⇩

モニタリング　　実行時に実行できましたか?

　　　　　　　すべての学習条件
　　　　　　　→実行できたことと
　　　　　　　実行し損ねたことの判断
　　　　　　　ほぼパーフェクト

図 18 【集中実行実験】手続きとその結果

3章 「あれ，きちんと済ましたっけ？」

表4　学習条件別の実行率

	学習条件			
	実演		想像	
	1回	3回	1回	3回
実行率	0.39	0.47	0.16	0.22

くなるのではないだろうか？　そこで，実行時に二次課題を課した。具体的には，学習とモニタリングは3-3-2の【集中実行実験】と同様である。つまり，学習時には，実演1回，実演3回，想像1回，想像3回のいずれかで10項目ずつ学習した。実行時は，なるべく学習したことを思い出して実行しながら，二次課題として数字を1000から3つずつ引き算して逆唱（1000, 997, 994……）するよう教示した。この二次課題が3-3-2と異なる点であった。モニタリング時は「実行できた」，「実行し忘れた」，「未呈示」から選択して判断するよう求めた。

　その結果，3-3-2と同様，実演して学習するほうが想像して学習するよりも実行率が高く，（実演した場合も想像した場合も）3回学習したほうが1回だけ学習するよりも実行率が高いことが明らかになった（表4）。

　次に，実行できた場合と実行できなかった場合に分け，実行できた場合「実行した」と正しく回答する比率を図19に，実行できなかった場合「実行した」と誤って回答する比率を図20に示す。

　図19の右側に示すように，学習時に3回想像して項目を学習した場合，実行できた項目に対して「実行した」と正答する比率が他の学習条件と比較して低かった。「実行しなくては」と心の中で何度も思っていることは，実際に実行できたとしても，その際うわの空（この実

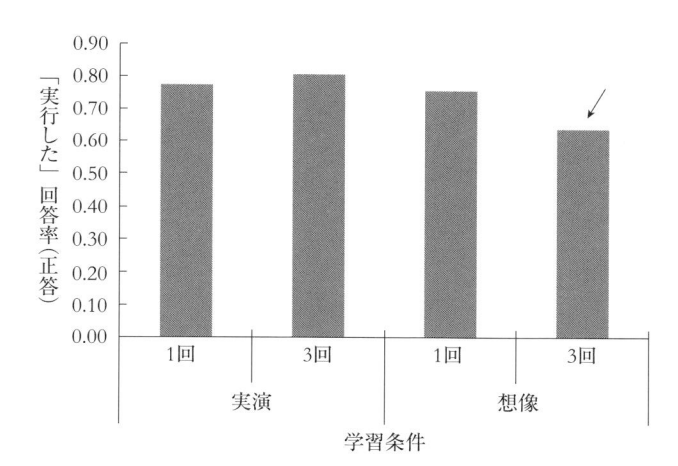

3-3 独自の実験パラダイムの考案と，明らかになったエラー要因

図 19 実行した項目を「実行した」と正答する比率

　学習時に 3 回想像した項目は，実行時にうわの空で実行できたとしても，その後「実行した」と回答する比率が低い。

験の場合二次課題を行うという状況）だった場合，後に「実行し忘れたかも……」と判断してしまう傾向が高くなるというわけである。

　また，実行時に実行し忘れた（実行し損ねた）場合（図20），学習時に実演を3回した場合，実行し忘れても「実行した」と誤回答する傾向が他の学習条件と比較して高くなることが明らかになった。つまり，何度も事前に実行していることは，ある特定の時にうわの空で実行し忘れたとしても「実行できた」と判断する傾向にあることが分かったのである。

　以上のように，3-3-2の【集中実行実験】と異なり，実行時に二次課題を行い，集中して実行することができないうわの空状況を作り出すことにより，1）事前にたくさん想像したものは，ある特定の時に実行したとしても「実行し忘れた」と判断し，2）事前にたくさん実行したものは，ある特定の時に実行し忘れたとしても「実行した」と判断するエラーが増えることが明らかになった（図21）。

3-3-4　【時間経過と集中実行実験】：時間経過がアウトプットモニタリングに及ぼす影響

　3-3-3の【うわの空実行実験】では，実行の直後にモニタリングを行った。その場合，実行時に二次課題を行いうわの空であることが，実行し忘れたのに「実行した」と判断したり，実行したのに「実行し忘れた」と判断するエラーにつながることが明らかになった。実行時の二次課題は，実行している行動の記憶を弱める効果があるようだ。そうだとすると，時間経過によって記憶が弱くなった場合も，二次課題を設定する場合と同じ結果が見られると予測できる。

　そこで，ここでは実行段階に二次課題を行わず，【集中実行実験】

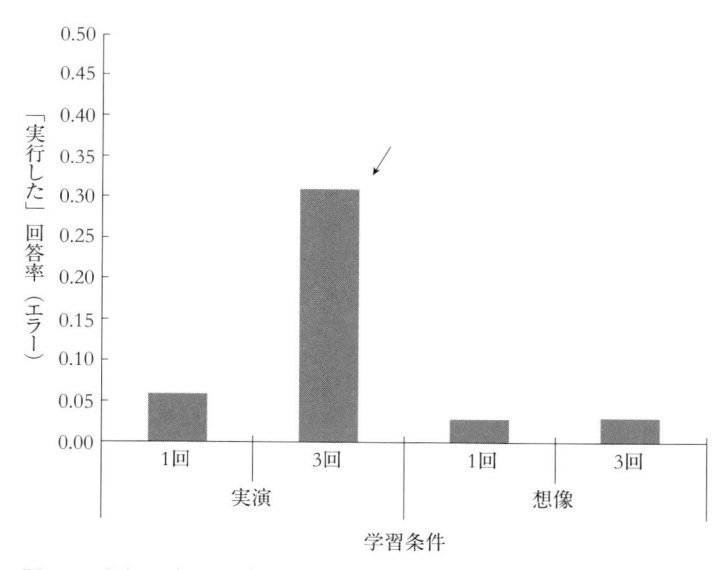

3-3 独自の実験パラダイムの考案と，明らかになったエラー要因

図20 実行し忘れた（し損ねた）項目を「実行した」と回答するエラー

学習時に3回実演した場合，うわの空で実行時に実行し忘れたとしても，その後「実行した」と回答する比率が高い。

3章 「あれ，きちんと済ましたっけ？」

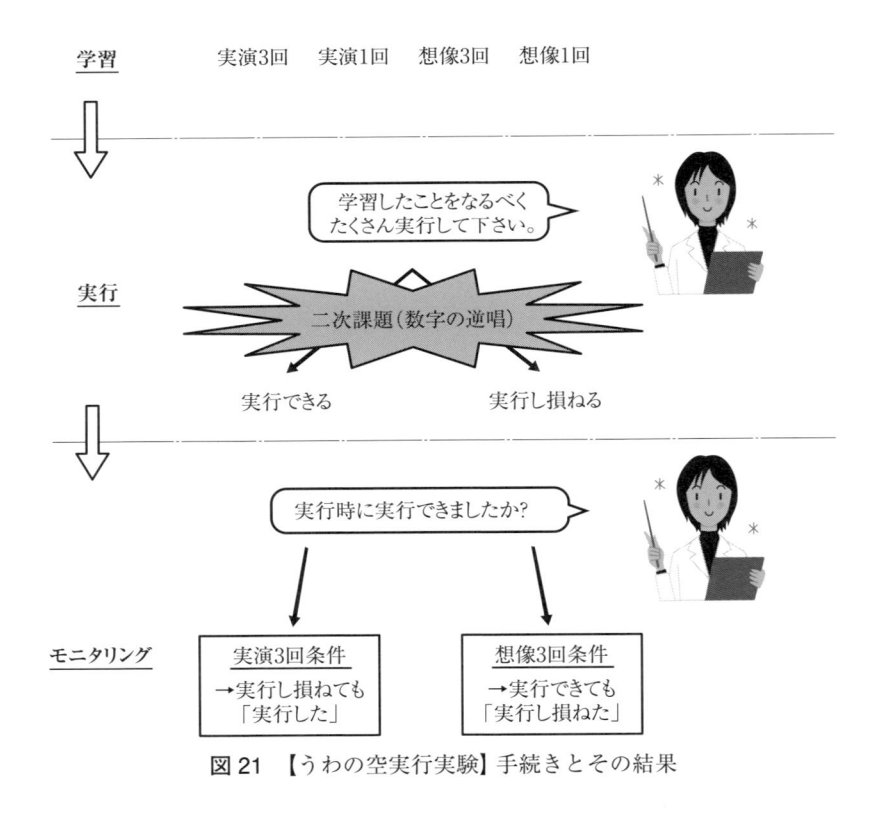

学習　　　　実演3回　　実演1回　　想像3回　　想像1回
⇩

学習したことをなるべく
たくさん実行して下さい。

実行　　　二次課題（数字の逆唱）

　　　実行できる　　　　　　実行し損ねる
⇩

実行時に実行できましたか？

モニタリング　実演3回条件　　　想像3回条件
　　　　　　→実行し損ねても　→実行できても
　　　　　　「実行した」　　　「実行し損ねた」

図21　【うわの空実行実験】手続きとその結果

を行うことにした。その代わり，実行の直後ではなく7日後に，「1週間前にあなたはこれらの学習したはずの行動文を実行できましたか」とたずねるモニタリングを行った。具体的には，学習時と実行時は3-3-2の【集中実行実験】と同様の手続きを行った。つまり，学習時，実演3回，実演1回，想像3回，想像1回のいずれかで学習させた。学習が終わると実行に移った。実行時は，二次課題（数字の逆唱）を行わず，実演で学習した行為事象文も想像で学習した行為事象文も，なるべくたくさん思い出して実行するよう教示した。その後，実験参加者には，7日後に必ず来てもらうよう依頼し，7日後にモニタリングを行った。モニタリングでは，学習時に実演した項目，想像した項目，未呈示の項目をランダムに一つ一つ呈示し，「実行時に実行できたか，実行し忘れたか，そもそも学習時に呈示されていないか」について判断してもらった。

　実行時に実行できた場合と実行できなかった場合に分け，実行できた場合「実行した」と正しく回答する比率を図22に，実行できなかった場合「実行した」と誤って回答する比率を図23に示す。

　図22の左側に示すように，学習時に3回実演して項目を学習した場合には，1回実演した場合と比較して，実行できた項目に対して「実行した」と正答する比率が上がり，一方，図22の右側が示すように，学習時に3回想像して項目を学習した場合には，1回想像した場合と比較して，実行できた項目に対して「実行した」と正答する比率が下がる現象が見られた。これらの結果から，学習回数が増えることにより，実行時に実行したり忘れたりした記憶より，学習時に実演したり想像したりした記憶のほうが強くなり，学習時の記憶に頼った判断をしていることがうかがえる。たとえば，想像を3回した記憶が強く，実行した記憶は弱いため，「自分は学習時にたくさん想像を

3章 「あれ，きちんと済ましたっけ？」

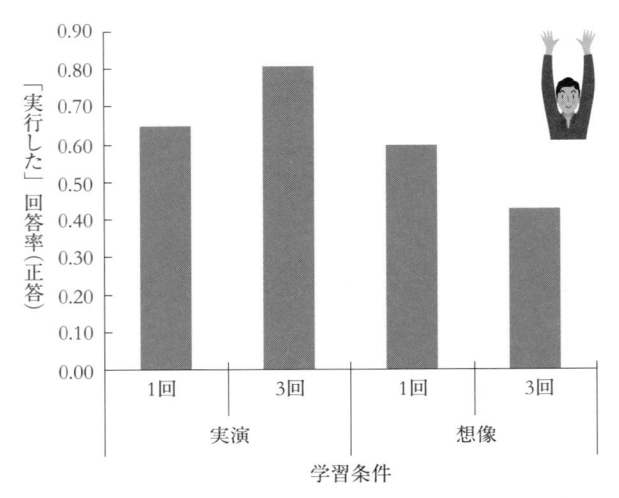

図22 実行した項目を「実行した」と正答する比率

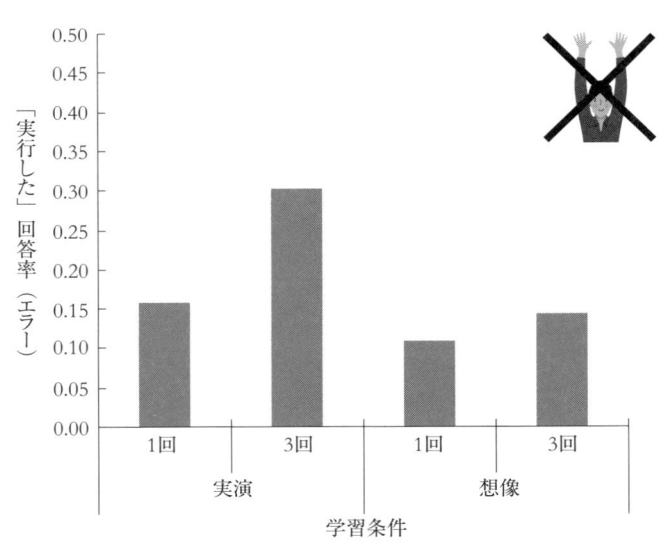

図23 実行し忘れた（し損ねた）項目を「実行した」と回答するエラー

したが,実行はし忘れたのではないか」と判断している可能性がある。

実行時に実行し忘れた（実行し損ねた）場合についても同様のことがいえる。実際,図23の左側に示すように,学習時に実演を3回した場合には,他の条件と比較して実行し忘れても「実行した」と誤回答する傾向が高くなっている。

以上のように,3-3-3の【うわの空実験】と異なり,実行時に二次課題は行わないが,その代わり,実行から7日の時間経過を経てモニタリングを行うことにより,3-3-3の【うわの空実験】と同様,1) 事前にたくさん想像したものは,ある特定の時に実行したとしても「実行し忘れた」と判断し,2) 事前にたくさん実行したものは,ある特定の時に実行し忘れたとしても「実行した」と判断するエラーが増えることが明らかになった（図24）。

3-3-5 【慣れっこ実験】：系列学習がアウトプットモニタリングに及ぼす影響

日常生活において,朝起きてから外出するまでの行為はたいてい決まっている。顔を洗う,朝食を食べる,歯磨きをする,着替えをする,戸締りをするなど,これら一つ一つの行為は簡単で,習熟しているはずである。こういった複数の行為を実行する順番はある程度決まっているのではないだろうか？ 複数の行為を順序どおりに行い,一連の（たとえば「朝の準備」）という大きな枠組みで認識することにより,実行する際の負担が少なくて済むという利点がある。では,このように実行する際に負担が少ない状態で行った行為について,その後「やったかどうか」の判断を正確にできるのだろうか？ 3-3-5では,複数の行為が順序どおりに覚えられ,一連の行為となったときのアウト

3章 「あれ，きちんと済ましたっけ？」

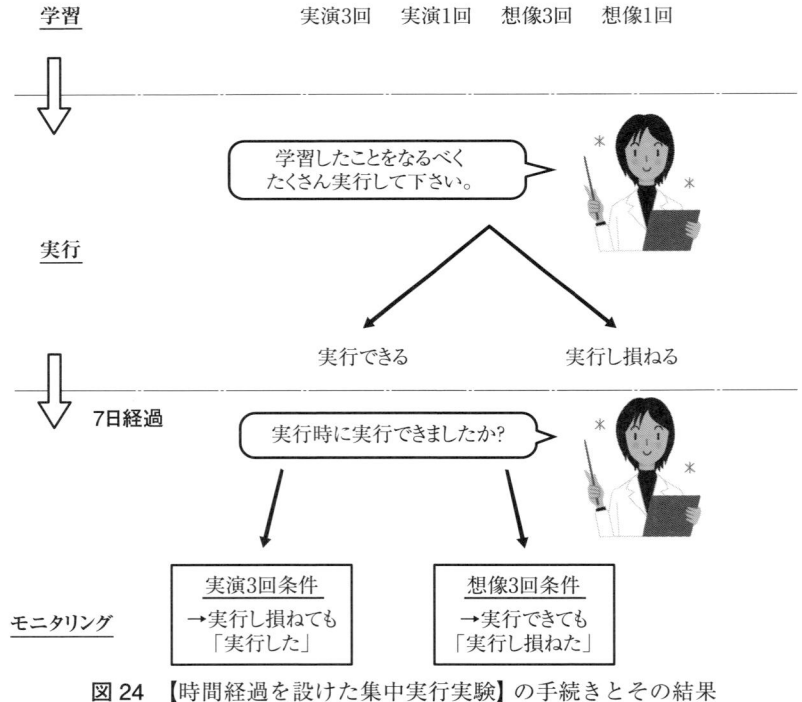

学習　　　　　　　実演3回　実演1回　想像3回　想像1回

　　　　　　　　　学習したことをなるべく
　　　　　　　　　たくさん実行して下さい。

実行

　　　　　　　　実行できる　　　　　実行し損ねる

7日経過　　　実行時に実行できましたか？

　　　　　　　実演3回条件　　　　想像3回条件
モニタリング　→実行し損ねても　　→実行できても
　　　　　　　「実行した」　　　　「実行し損ねた」

図24 【時間経過を設けた集中実行実験】の手続きとその結果

プットモニタリングエラーについて検討する。

そこで筆者は，まず，複数の行為を学習段階で何度も反復することによって完全に学習させた。その際，学習方法を操作し，複数の行為を同じ順序で反復呈示する条件（系列学習条件）とランダムに反復呈示する条件（ランダム学習条件）に分けた。系列学習条件は，複数の行為を順序どおりに行うことで一連の動作として認識されるという条件を反映している。ランダム学習条件はその反対で，一つ一つの行為事象文が独立して認識されるという条件を反映している。そして，それぞれの学習方法の違いがアウトプットモニタリングエラーの傾向に及ぼす影響を検討した。手続きを以下に記す。

ここで行った【慣れっこ実験】も，前述の実験と同様，学習，実行，モニタリングの3段階からなる。異なるのは学習時の学習の仕方であり，学習時には10項目の行為事象文（おじぎをする，片手を挙げる，耳をつかむ，ケンケンをする，腕をつかむ，あごをさする，おでこをたたく，ほおをつまむ，お腹をさする，バンザイをする）を繰り返し実演することで完全に覚えてもらった。また，学習時には，系列学習条件とランダム学習条件の2条件を設けた。系列学習条件では，10項目を毎回同じ順序で1項目ずつパソコンのモニタ上に呈示し，その順序ごと覚えてもらうよう教示した。一方，ランダム学習条件は，10項目を毎回異なる順序で1項目ずつモニタ上に呈示し，順序は関係なくすべての項目を覚えてもらうよう教示した[2]。何度も学習したのち，実験参

---

[2] 予備調査を行い，10項目の行為事象文を完全に覚えるまでに，系列学習条件（同じ順序で反復）の場合およそ7.2回，ランダム学習条件（バラバラの順序で反復）の場合およそ14.8回反復が必要なことが分かっている。それを参考に，それぞれの2倍以上の回数，つまり系列学習条件では15回，ランダム学習条件では30回反復して学習させた。

加者が完全に10項目を覚えて実演できることを確認し，実行に移った。実行時には，二次課題として【うわの空実行実験】(3-3-3)と同様の数字の逆唱 (1000, 997, 994……) を行わせながら，学習時に学習した行為事象文について覚えている限り，反復せず1回のみ実行させた。二次課題を行った理由は3-3-3のようにアウトプットモニタリングエラーを生起させるためである。実行後モニタリングを行った。モニタリング時は，学習した10項目に未呈示の10項目を加え，合計20項目の行為事象文について「実行できた」，「実行し忘れた」，「未呈示」の他に，「分からない」というカテゴリを置いた。実行できたか実行し忘れたかの判断ができない場合は「分からない」を選ぶよう教示したが，これは日常生活における「鍵をかけたかどうかが分からない」という状況を検討するためである。

　まずは，系列学習条件とランダム学習条件の，実行時における実行の仕方の違いについて検討する。学習時に10項目を完全学習したにもかかわらず，実行時に実行し忘れた項目数は，系列学習条件では1名につき平均で系列学習条件約 0.58 項目，ランダム学習条件では約 0.71 項目であった。つまり，どの実験参加者も10項目中9項目以上は覚えており，実行時に二次課題を行うことで記憶痕跡を弱くしても，学習段階で完全学習した行為事象文はほとんど実行できていることが分かった。ただ，どんなに完全学習していても，二次課題を行い課題に集中できない状況だと，10項目中1項目弱は実行し忘れてしまうということもできる。

　次に，実行順序について検討したところ，系列学習条件では実行時も系列のままで実行していた。一方，ランダム学習条件では各実験参加者によって実行する順序が異なっていた。また，実行時，「1回のみ実行する」よう教示したにもかかわらず，反復して実行した項目数

について検討したところ，系列学習条件は0であったが，ランダム学習条件は1名につき2.25項目であった。つまり，ランダム条件は実行中に，各項目を「実行したかどうか」チェックしており，実行したという自信がないときには，もう一度その行為事象文を実行しているようである。

さらに，アウトプットモニタリングの結果について検討する。本来，実行時に実行できた項目と実行し忘れた項目を分離し，それぞれに対するアウトプットモニタリングを検討すべきであるが，今回の実験では，実行時に実行し忘れた項目が非常に少なかったため，実行できた項目のアウトプットモニタリング（「実行した」「実行し忘れた」「未呈示」「分からない」）についてのみ検討した。その結果，まず，「未呈示」と判断する比率は0であったことから，系列学習・ランダム学習両条件ともに学習時に呈示されたことは覚えているといえる。「実行し忘れた」と誤って答える比率は，系列学習条件 (0.09) とランダム学習条件 (0.08) の間で差がなかった。しかし，「分からない」と回答する比率については，図25に示す通り，系列学習条件のほうがランダム学習条件より高い結果となった。その一方で，「実行した」と正しく回答できる比率は，系列学習条件よりランダム学習条件のほうが高かった。

以上の実験で明らかになったことは二つである。一つ目は，実行中の実行の仕方についてである。系列学習した項目の場合は，実行時に学習段階時の系列と同様の系列で実行し，その際，同じ行為事象を繰り返し実行することはなかった。一方，ランダム学習した項目の場合は，実行時に様々な順序で実行し，実行したという記憶が定かでないときには，もう一度実行しなおすことが明らかになった。

二つ目はモニタリング時の判断についてである。系列学習条件では

3章 「あれ，きちんと済ましたっけ？」

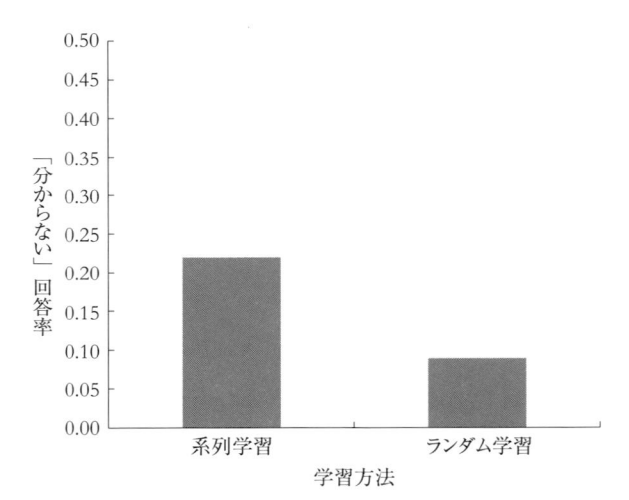

図 25 実行できた項目を実行できたかどうか「分からない」と回答する比率

10 項目を順序ごと覚えた場合は，10 項目をランダムに覚えた場合と比較して，きちんと実行できたかどうかが後に分からなくなる比率が高い。

実行時に実行したにもかかわらず，実行できたかどうかが分からなくなることが明らかになった。系列学習はランダム学習と比較して，少ない回数で覚えられるという事実からも，系列学習の利点は，やるべきことを簡単化させて実行する人間の負担を軽減させることだと考えられる。ヒューマンエラーを減少させる方法としてReason (1979) は，やるべきことの負担を減らすことと，簡単化することを挙げている。しかしその一方で，後から「さきほど実行できたかどうか」が分からなくなる原因となることがこの実験から明らかになった。

3-4
「やったかどうか」が正確に判断できなくなるのはなぜ？

アウトプットモニタリングエラーの原因（まとめ）

本章で述べたことは以下の二つである。一つ目は，今まで「やったかどうか」を検討するための実験パラダイムが確立されていないことに着目し，筆者が新しく実験パラダイムを考案したこと，二つ目は，その実験パラダイムを用いて「やったかどうか」が正確に判断できなくなる原因を明らかにしたことである。

元々，見たり聞いたりというインプットしたことと比較して，行為を実行するというアウトプットしたことの記憶成績はよいといわれている (Cohen, 1989)。そのように考えると，やったこととやっていないことの区別は簡単なはずである。実際，3-3-2の【集中実行実験】で実行時に「実行する」ことだけに集中させた場合は，その直後，実行したこととし忘れたことの区別を正確にできた。3-3-3の【うわの

空実行実験】で実行時に二次課題というまったく別のことをさせてうわの空の状態で実行してもらったり，3-3-4 で【集中実行実験】ではあるものの実行から 7 日経過してからモニタリングを行った場合に，実行し忘れたことを「実行した」と答えるエラーが見られることが分かった。またその実行し忘れたことを「実行した」と答えるエラーは，事前に何度も反復して実行したものに対してのみ見られた。3-3-5 の【慣れっこ実験】で，事前に実行して完全に学習した行為に着目した結果，複数の実行すべき行為を順序ごと記憶している場合は，一つ一つの行為を個別に記憶している場合よりも，ある特定の時に実行したかどうかが分からなくなることが明らかになった。ただこの場合も，実行したかどうかが分からなくなる状況として，その「特定の時」に二次課題をして集中していないことが必要であった。ここから，ある特定の時に実行したかどうかをはっきり覚えておくために，指差呼称確認のような，「自分は今，○○をしている」と実行したことを意識上にのぼらせるような手段が有用であることが分かる。

　インプットモニタリング，アウトプットモニタリングのエラー要因について調べたここまでの結果を，次章でまとめよう。

4章

「記憶違い」のメカニズム
インプットモニタリングエラー・アウトプットモニタリングエラーのまとめ

はじめに

　第1章で整理したように,「記憶違い」に関わる心の働きについての既存研究には,二つの問題があった。第1は,「インプットした(見た)かどうか」についてのモニタリングと「アウトプットした(やった)かどうか」についてのモニタリングが,うまく区別されていなかったという点である。第2は,「現実に体験したことか想像したことか」というリアリティ判断に大きく焦点があてられてはいたが,そのエピソードが「いつの出来事だったか」という時間判断についてはあまり検討されていなかった点が大きな問題であった。そこで,本書では,まずはインプットモニタリングとアウトプットモニタリングを区別し,先行研究を整理すると同時に,それぞれのエラーを規定する要因について第2章,第3章で検討した。そこで明らかになったのは,インプットモニタリングとアウトプットモニタリングには大きな共通点と相違点がある,ということである。本章では,インプットモニタリングとアウトプットモニタリングの共通点と相違点についてまとめる。

4-1 インプットモニタリングとアウトプットモニタリングの共通点

　共通点は,三つである。一つ目は,新しい出来事について,過去に「見たかどうか」「やったかどうか」と考える場合,「自分は見ていな

い」,「自分はやっていない」と判断し,たとえその新しい出来事になじみを感じたとしても「おそらく想像しただけだろう」と判断する傾向がある,ということである.

　初対面の人に対して,過去に会ったかどうかと考えるとき「過去に会っていたら鮮明に覚えているはずだ,会っていないに違いない」と判断するだろうし,ダンスで初めて習うポーズに対して,過去にも習ったかどうかを考えるとき「過去に習っていたらもっと覚えているはずだ,習っていないに違いない」と判断するであろうことからもこの傾向はうなずける.ヒトには,「自分が見たこと,やったことは鮮明に覚えているに違いない」というメタ記憶（＝自分の記憶に対する知識,思い込み）が備わっているのである.

　二つ目は,過去に1回だけ見たことがある,もしくはやったことがある出来事に対して「見たかどうか」「やったかどうか」が分からなくなる場合にも,「自分は見ていない」,「自分はやっていない」と判断する傾向があることである.これも「自分が見たこと,やったことは覚えているに違いない」というメタ記憶によって導かれる判断である.ただ,このメタ記憶に反して,ヒトは1回見たりやったりしたことに対して,自分で思っているほどには覚えていないものである.なじみは感じるものの,鮮明には覚えていないことは多くある.その結果,見たにもかかわらず「見ていない」,やったにもかかわらず「やっていない」と判断するエラーが起きてしまう.ただ,この場合のエラーは「分からない場合には『分からない』と判断する」という選択肢を加えることにより,減らすことができる.このことから,目撃証言を求めるときにも「分からない」という選択肢を与えることで,見たにもかかわらず「見ていない」と判断するエラーを減らすことができるといえる.

4-1 インプットモニタリングとアウトプットモニタリングの共通点

「自分が見たことややったことは鮮明に覚えているに違いない」というメタ記憶が，自信がない事柄については「見ていない」「やっていない」と判断するエラーへと導く。

三つ目は，過去に何度も見たことがある，もしくは何度もやったことがある出来事に対して，「ある特定の時に見たか」，もしくは「ある特定の時にやったか」とたずねられる場合，過去に見たことやったことと混同する傾向があることである。ヒトは「いつの出来事か」という時間判断が苦手であり，その結果，ある特定の時に見ていなくても，事前に何度も見ていることにより「そのときにも見た」と判断したり，ある特定の時にやっていなくても，事前に何度もやっていることにより「そのときにもやった」と判断したりするのである。このエラーの危険なところは，「分からない場合には『分からない』と判断する」という選択肢を加えたところで，「見た」「やった」と答えるエラーは減少しないところにある。つまり「分からないから」という理由で判断しているのではなく，自信を持って「そのとき見た」「そのときやった」と答えているのだ。

4-2 インプットモニタリングとアウトプットモニタリングの相違点

　相違点として挙げられるのが，「見たかどうか」判断と「やったかどうか」判断の正確さである。「見たかどうか」判断に関しては，集中して見る状況を作っていたにもかかわらず，その直後に行った判断でエラーを起こしていた。このように見たかどうかという判断が不確かであることを踏まえると，目撃証言がいかに信憑性に欠けるかということもうなずける話である。特に，目撃証言のような「いつ？」という時間判断が必要になる場合には，その判断が正確でなくて当然と

4-2 インプットモニタリングとアウトプットモニタリングの相違点

ほぼ毎日だから……

○月○日ですが………

たぶんその日も見たと…

ヒトは時間判断が苦手なので，日頃よく見ている人や事に対して「そのときにも見た」と判断してしまう傾向がある。

93

いうぐらいに考えておくべきである．また，ある事柄について，Aさんは「私は確かにあなたに言った」と主張しているが，あなた自身は「そんなこと聞いていない」と主張するような状況においても，「そもそも聞いたかどうかの判断は正確に行えないものなのだ」と分かっておく必要がある．このようなメタ記憶を持つことで，不毛な争いを避けることができるかもしれない．

　一方「やったかどうか」判断に関しては，集中しなければいけない状況下で実行した場合，その直後の判断は正確にできていた．アルツハイマー病など，記憶と深い関係のある海馬が萎縮するような疾患の場合をのぞいて，通常，一つ一つの行為を，落ち着いて集中した状況で行えば，その直後に，実行したかどうかが分からなくなるといったことはほとんど起きないはずである．実行中，他のことを考えたり，うわの空で実行したりして集中していなかった場合に，やったかどうか分からなくなる，もしくは，やっていないにもかかわらず，過去にやったことと混同して「やった」と判断してしまったりするのである．日常生活における，歯磨き，戸締り，火元の確認，などといったルーティンワークは，集中せずとも片手間にできることである．むしろ，他のことを考えたり別のことをしたりしながら，片手間にルーティンワークを実行することは，有限である処理資源を最大限に活かしているという意味で有効である．ただ，「集中していない状態で行うと，どんなに簡単な行為でも，実行したかどうか分からなくなる」というメタ記憶と，「集中している状態では，その直後に実行したかどうか分からなくなることを防ぐことができる」というメタ記憶を持つことで，エラーを防ぐことができるはずである．

4-2 インプットモニタリングとアウトプットモニタリングの相違点

他のことをしながらやったこと，うわの空でやったことについて，後にやったかどうかが分からなくなる。

4-3 これまでの研究との関連

　これらの結果を踏まえると，見ていないことを「見た」，やっていないことを「やった」と判断するエラーは，まったく新しい出来事に関しては起こらないようである。ではなぜ，「幼いときにおじから性的虐待を受けた」というような，偽りの被虐待記憶が作り出されることがあるのだろうか？　ここで，前述したDRMパラダイム実験（1-2-2参照）における，エラー現象を思い出していただきたい。「寝る」「毛布」「布団」「寝不足」「パジャマ」「シーツ」「夢」「ぐっすり」「快眠」「寝まき」「眠い」「寝癖」「おやすみ」「ベッド」という単語を事前に見たり聴いたりすると，出てきていないはずの「枕」という単語を，見た，もしくは聴いたと思い込んでしまう現象のことである。つまり，過去におじに寝かしつけてもらった，おじに遊んでもらったという状況が，おじから性的虐待を受けたという出来事を連想させやすくさせた可能性がある。

　ストーカーが，ターゲットの異性に対して，まるで自分の恋人であるかのように振舞ってしまう現象についても同様の可能性が考えられる。過去に，その異性と話をしたり，その異性の隣に座ったりした経験が，もっと親密に接している場面の連想を引き起こし，その結果，まるで恋人のように振舞ってしまうのである。どのような事前の経験がどのような連想を起こすのか，そこには個人差があるようだ。そこで次章では，今盛んに研究が行われている，個人差という側面から検討したインプットモニタリング，アウトプットモニタリングの研究について紹介する。

5章

「記憶違い」研究の未来

個人差

はじめに

これまでは，人の一般的な「記憶違い」について整理し，その傾向について述べてきた。この章では，近年盛んに研究が行われている「記憶違い」の個人差について紹介し，「記憶違い」研究の未来について述べる。

5-1
ポジティブな人とネガティブな人
妄想様傾向の個人差とインプットモニタリング

「自分は常に周りから高い評価を受けている」とポジティブな思考を持つ人間がいる一方で，「自分は他者から嫌われるタイプだ」とネガティブな思考を持つ人間もいる。実際，高い評価を下されている場合もあるだろうが，果たしてその人は本当に賛辞を浴びてばかりの人生なのだろうか？　また，実際，他者からあからさまな嫌悪感を示される場合もあるだろうが，果たしてその人は常に周りから嫌われてばかりの人生なのだろうか？

外的現実を誤って推論や解釈する思い込みのことを妄想といい，妄想は統合失調症の患者にみられる疾患である。統合失調症の患者の妄想は，「脳内に盗聴器を埋め込まれた」といったように，非合理的で明らかに誤っており，それを説得によって取り除くことはできない。一方で，健常者でも，このように病的ではないものの，事実を少し歪めて解釈することがあることが Peters, Joseph, and Garety (1999) によ

り指摘されている。健常者が持つ，事実を歪めた解釈や思い込みのことを，妄想様観念と呼ぶ。前述した例のように，事実を少しポジティブに歪める傾向がある人，少しネガティブに歪める傾向がある人がおり，これらの傾向は病気としてではなく，個人差レベルで扱うことができる。このように，自分への評価をポジティブに解釈する傾向がある人と，ネガティブに解釈する傾向がある人の記憶メカニズムの違いを実験で示すことができるだろうか。筆者は，大学生を対象に，ポジティブな性格を表す形容詞（性格特性形容詞）とネガティブな性格を表す形容詞（性格特性形容詞）を「あなたは〇〇な人ですね」という形で呈示し，それらの性格特性形容詞がどのような形で記憶されるのか，ポジティブな妄想様観念傾向を持つ人と，ネガティブな妄想様観念傾向を持つ人でその記憶に違いが見られるかについて検討した。

5-1-1 【自分への評価実験】：
妄想様傾向と記憶の関係

1) 実験の方法

実験には，175名の大学生に参加してもらった。それぞれの参加者がどの程度ポジティブ，もしくはネガティブな妄想観念を持っているのかを測定するために，丹野・石垣・杉浦（2000）が作成した妄想観念チェックリストを使用した。妄想観念チェックリストは，たとえば，「私は誰からも好かれる性格だ，という考え」，「私には何でも自信がある，という考え」，「みんなが私をうらやましいと思っている，と感じられる体験」といった，ポジティブ妄想観念を測るための21項目と，たとえば「私は他の人からノケモノにされているのではないか，という考え」，「他の人の話し声が，私の悪口を言っているように聞こ

5-1 ポジティブな人とネガティブな人

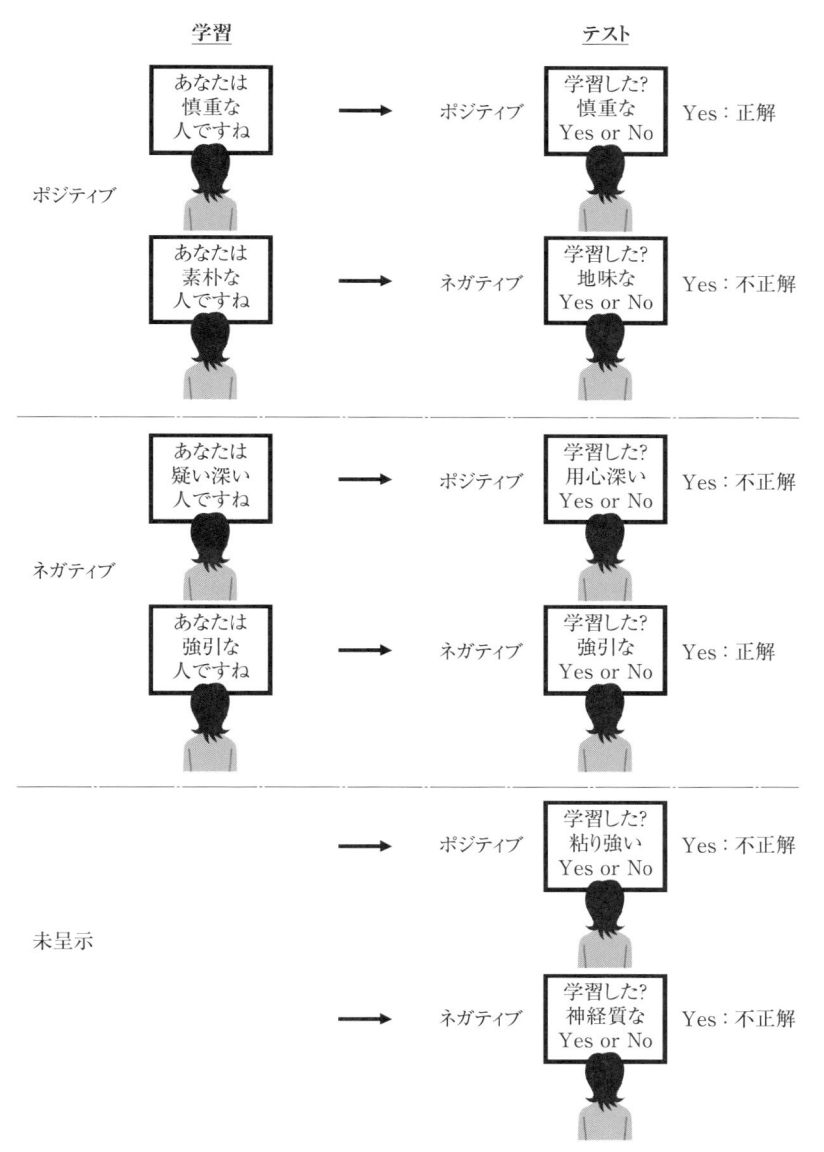

	学習			テスト	
ポジティブ	あなたは慎重な人ですね	→	ポジティブ	学習した?慎重なYes or No	Yes：正解
	あなたは素朴な人ですね	→	ネガティブ	学習した?地味なYes or No	Yes：不正解
ネガティブ	あなたは疑い深い人ですね	→	ポジティブ	学習した?用心深いYes or No	Yes：不正解
	あなたは強引な人ですね	→	ネガティブ	学習した?強引なYes or No	Yes：正解
未呈示		→	ポジティブ	学習した?粘り強いYes or No	Yes：不正解
		→	ネガティブ	学習した?神経質なYes or No	Yes：不正解

図 26　六つの条件と【自分への評価実験】手続き

えた体験」,「周りの人は誰も信用できない,という疑い」といったネガティブ妄想観念を測るための 30 項目の質問項目に分かれ,それぞれの質問項目に対して「日頃,どの程度頭に浮かぶ考えか」について 1 (まったく感じない) から 5 (頻繁に感じる) の 5 件法で回答する形になっている。それぞれの参加者のポジティブ妄想観念傾向とネガティブ妄想傾向を測定するために,記憶実験終了後にこの妄想観念チェックリストに回答してもらい,ポジティブ妄想観念の点数と,ネガティブ妄想観念の点数の,合計点をそれぞれ算出した。

　記憶実験で使用したのはポジティブな表現とネガティブな表現を持つ性格特性形容詞対であった。たとえば,「慎重な―臆病な」という性格特性形容詞対の場合,「慎重な」という性格特性形容詞と「臆病な」という性格特性形容詞は,意味は共通するものの,前者はポジティブな表現であり,後者はネガティブな表現である。このように両方の表現を持つ性格特性形容詞を 120 対使用した。

　実験は,学習とテストの 2 段階からなった (図 26)。学習時には,各性格特性形容詞対のうち,ポジティブな表現を呈示する条件,ネガティブな表現を呈示する条件,学習時には呈示しない条件の三つに分かれた。「あなたは○○○ですね」の○○○にそれぞれの性格特性形容詞が呈示される状態で学習した。ポジティブな表現とネガティブな表現を 40 項目ずつ学習した後,すぐにテストに移った。テスト時には,学習時に呈示された 40 項目のポジティブな表現のうち,半分にあたる 20 項目はそのままのポジティブな表現で使用し,残りの半分にあたる 20 項目は同じ意味を持つネガティブな表現に置き換えた。学習時に呈示された 40 項目のネガティブな表現も,同様に半分にあたる 20 項目はそのままのネガティブな表現で使用し,残りの半分にあたる 20 項目は同じ意味を持つポジティブな表現に置き換えた。また,

学習時には呈示しなかった性格特性形容詞も，ポジティブなものを20項目，ネガティブなものを20項目使用した。これらの性格特性形容詞を一つ一つ呈示し，「学習時に呈示されたか否か」答える形でテストを行った。

2) 実験の結果

学習していない単語について，「学習した」と答える比率のことを，フォールスアラーム（FA）率という。ポジティブな妄想傾向が高ければ高いほどポジティブ表現のFA率が高くなり，ネガティブな妄想傾向が高ければ高いほど，ネガティブ表現のFA率が高くなった。つまり，学習直後のテストにもかかわらず，ポジティブな妄想傾向を持つ人は，学習時にネガティブな表現で呈示されたものに対して，ポジティブな表現で呈示されたと答える傾向が高く，たとえば，「あなたは疑い深いですね」という表現が呈示されていたにもかかわらず，「あなたは用心深いですね」と書かれていたと判断する傾向があった。一方，ネガティブな妄想傾向を持つ人は，学習時にポジティブな表現で呈示されたものに対して，ネガティブな表現で呈示されたと答える傾向が高く，たとえば，「あなたは素朴な人ですね」という表現が呈示されていたにもかかわらず「あなたは地味な人ですね」と書かれていたと判断する傾向にあることが分かった。

では，どうしたらこのようなエラーを防ぐことができるだろうか？

これを解明するために筆者は，5-1-1の【自分への評価実験】のテスト形式を一部変更し，48名の大学生に対して実施した。具体的には，性格特性形容詞を一つ一つ呈示し「学習時に呈示されたか否か」と答える形ではなく，「慎重な―臆病な」と対になった状態で呈示し

5章 「記憶違い」研究の未来

「どちらを学習時に見ましたか？」とたずねる形式を用いた。48名のうち，ポジティブ妄想観念チェックリストの点数が上位3分の1の人たちを高ポジティブ妄想傾向群とし，下位3分の1の人たちを低ポジティブ妄想傾向群とした。また，同様にネガティブ妄想観念チェックリストの点数が上位3分の1の人たちを高ネガティブ妄想傾向群とし，下位3分の1の人たちを低ネガティブ妄想傾向群とした。結果を図27と図28に示す。図27にはポジティブ妄想傾向に焦点をあて，ポジティブ妄想傾向の高群と低群ごとに，学習直後と2週間後のポジティブ表現のFA率とネガティブ表現のFA率を算出したものを示し，図28にはネガティブ妄想傾向に焦点をあて，ネガティブ妄想傾向の高群と低群ごとに，学習直後と2週間後のポジティブ表現のFA率とネガティブ表現のFA率を算出したものを示した。

　学習直後に「どちらを学習時に見ましたか？」とたずねる形式を用いたところ，本人の妄想傾向や使用した形容詞の種類に関係なくFA率は低く，すべての人がほぼ正確に答えられることが明らかになった。日常生活にこの現象を当てはめると，「ついさっき，臆病な人だと言われた」と落ち込む前に，「臆病な人と言われたか，慎重な人と言われたか」と考え直すと，実は慎重な人と言われたのだと思い出すことにつながる可能性がある。

　ただ，学習から2週間後に，同様に対になった形で「どちらを学習時に見ましたか？」とたずねたところ，ポジティブ妄想傾向が高い人は低い人と比較して，ポジティブ表現のFA率が高く，ネガティブな表現で2週間前に学習したにもかかわらず，ポジティブな表現で学習したと判断する傾向が高くなった。そして，ネガティブ妄想傾向が高い人は低い人と比較して，ネガティブ表現のFA率が高く，ポジティブな表現で2週間前に学習したにもかかわらず，ネガティブな表現で

5-1　ポジティブな人とネガティブな人

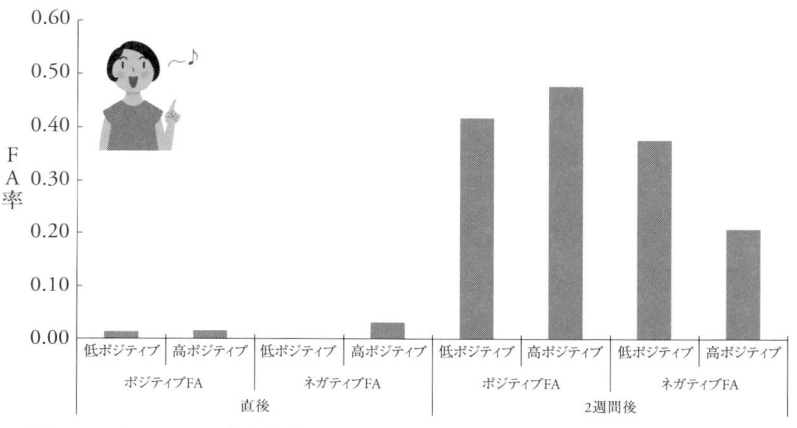

図27　ポジティブ妄想傾向とポジティブ表現，ネガティブ表現のFA率

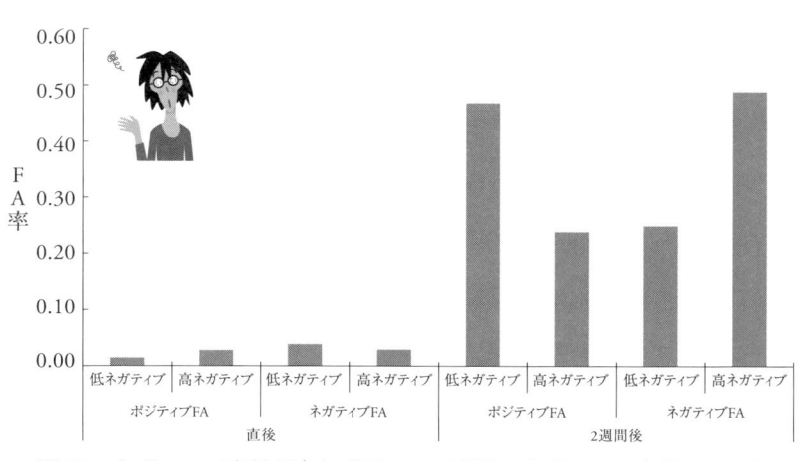

図28　ネガティブ妄想傾向とポジティブ表現，ネガティブ表現のFA率

5章 「記憶違い」研究の未来

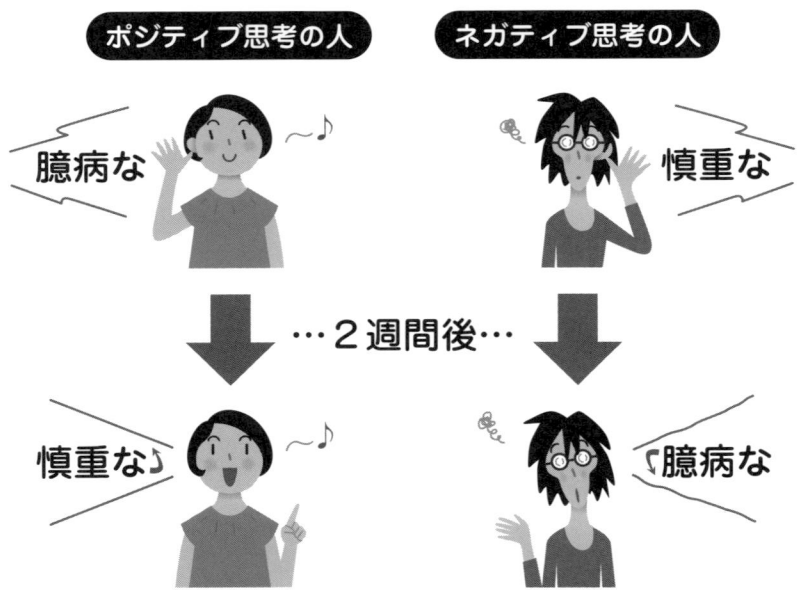

ポジティブ思考の人はポジティブに記憶を歪め，ネガティブ思考の人はネガティブに記憶を歪める。

学習したと判断する傾向が高くなることが明らかになった。つまり，直後に「慎重な―臆病な」と対で呈示されると正確に判断できても，2週間のうちに，ポジティブ妄想傾向の高い人は，記憶した言葉をポジティブに歪め，ネガティブ妄想傾向の高い人は，記憶した言葉をネガティブに歪めてしまうのである。この研究結果を覚えておくと，「自分は以前臆病だと言われた」と落ち込みそうになったとき，「自分はネガティブに物事をとらえやすいので，そのように言われたと思っているが，実はもっとポジティブな表現だった可能性もある」と考えることができる。

5-2
聞こえてくる声と心の声の区別が得意な人と苦手な人
幻聴様体験の個人差とインプットモニタリング

前述した妄想は，統合失調症患者にみられる症状の一つである。もう一つ統合失調症患者にみられる主な症状として，幻聴が挙げられる。統合失調症患者にみられる幻聴は，人の声である場合が多く，その場にいないはずの人の声が聞こえてくるのである。幻聴の内容は，本人を否定するようなものであったり，他者に危害を与えろといったネガティブなものであったりする場合が多く，大変辛い症状である。ただ，統合失調症患者だけでなく，健常者も幻聴に似た体験をすることが報告されており（たとえば，Barrett & Etheridge, 1992)，健常者が体験する幻聴に似た体験のことを幻聴様体験という。たとえば，人ごみで自分の名前を呼ばれたような気がして振り返ったけれど気のせい

だったとか，他人の声が聞こえてきたのにそこには誰もいなかったとか，そういった体験のことだが，その頻度は，ポジティブ妄想観念やネガティブ妄想観念と同様個人差がある。統合失調症患者は，自分の頭に浮かんだことを，外部から聞こえてきたことと判断する傾向があることが明らかになっている（Ditman & Kuperberg, 2005）。つまり，自分の頭の中で作り出したことを，外から聞こえて来たと判断した結果が幻聴なのである。もし，幻聴様体験のメカニズムが幻聴のメカニズムと似ているのであれば，幻聴様体験をしやすい人は，自分の頭に浮かんだことを外部から聞いたことだと判断する傾向が高い可能性が考えられる。この可能性について検討するために，筆者は前述したDRMパラダイムを用いた。

5-2-1　幻聴様体験とDRMパラダイム

　この実験では，大学生172名に参加してもらった。幻聴様体験の起こりやすさを測るために，幻聴様体験尺度を用いた。この尺度は17項目からなり，「1人でいるときに，自分の名前を呼ばれたような気がしたこと」，「人の話し声だと思っていたのに実は何か別の物音であったこと」，といった体験に対し，「日常生活で，どの程度体験することか」について1（まったく体験しない）から5（頻繁に体験する）の5件法で回答する形になっている。実験後にこの幻聴様体験尺度に回答してもらい，その合計点を個々の幻聴様傾向の高さとした。

　DRMパラダイムでは，お互いに連想をしやすい単語15項目（ベッド，枕，睡眠，パジャマなど）とその15項目からは連想しにくい単語5項目（花束，おにぎり，コンピュータなど）からなるリストを全部で6リスト使用した。学習時，実験者は，連想を起こし合いやすい単語

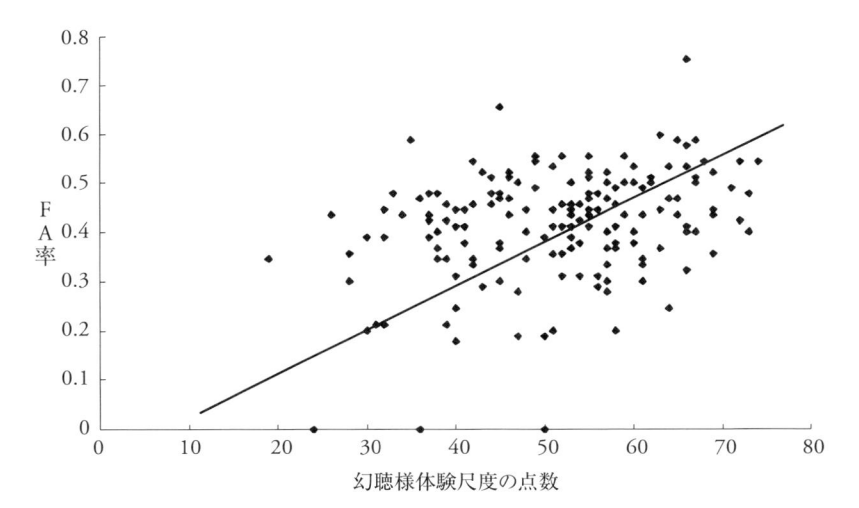

5-2 聞こえてくる声と心の声の区別が得意な人と苦手な人

図29 幻聴様体験尺度とFA率の関係
　幻聴様体験尺度の点数が高い人ほど，実験者が読み上げていない項目を「聴いた」と判断する傾向がある。

15項目のうち，10項目を一つ一つ読み上げ，それをなるべく覚えておくよう教示した。10項目を読み上げた後，テストに移った。テストでは，実験者が読み上げた連想を起こし合いやすい10項目と，残りの連想を起こし合いやすい単語5項目，それらとはまったく関係のない単語5項目をランダムに一つ一つ呈示し，「さきほど，実験者が読み上げた単語かどうか」とたずねた。学習とテストからなるこの一連の課題を全部で6リスト分行った。

この課題について，実験者が読み上げていないにもかかわらず，「実験者が読み上げた」と答える比率，つまりフォールスアラーム（FA）率と幻聴様体験尺度の点数との関係について検討したところ，幻聴様体験尺度の点数が高い人は，より連想しやすい単語に関するFA率が高くなることが明らかになった（図29）。ちなみに，連想しにくい単語を「学習時に出てきた」と答える比率は，幻聴様体験尺度の点数にかかわらず，どの実験参加者も0だった。

この結果から，幻聴様傾向の高い人は，実験者が単語を読み上げるときに頭の中で連想された言葉に対し，「自分は聴いた」と判断する傾向があるといえる。つまり，統合失調症患者の幻聴とそのメカニズムが似ていることが明らかになった。

5-3
喋った感覚が強く残る人と残らない人
幻聴様体験の個人差とアウトプットモニタリング

Wolpert（1997）によれば，人には，行動を起こすとき無意識に自分の行為の結果を予測し，その予測した結果と実際の結果を照合した上

で,「自分が確かにこの行為を行っている」と感じるシステムが備わっているという。この「自分が確かにこの行為を行っている」という感覚のことを自己主体感という。Frith ら（2000）はこの理論をもとに，統合失調症患者は，行為を遂行する際の自己主体感に障害があるのではないかと仮説を立て，その後，Jones and Fernyhough（2007）は，発話を行為の一種ととらえ，統合失調症患者の幻聴は，発話における自己主体感の障害が原因なのではないかという仮説を立てた。つまり，自分が心の中で話したり，小さな声で発話したりしても，「今，自分が発話している」と感じることができず（つまり，自己主体感を得ることができず），他者が話していると感じるのではないかということである。実際，統合失調症患者が幻聴を聞いていると報告しているときに口部の筋肉活動が増加していたという McGuigan（1966）の研究や，幻聴を聞いていると報告している際の，患者の声にならないほどの小さなささやき声を増幅してみると幻聴の内容と一致したという Green and Preston（1981）の研究からもこの仮説はうなずける。

予測した結果と実際の結果が一致した結果得られるのが自己主体感だとしたら，発話時に自分の予測した通りの声が返ってこない場合，自己主体感は得られにくいはずである。健常者の個人差という範囲においても，幻聴様傾向が高い人と低い人との間で，「自分が話している」という自己主体感が得られる程度に違いが見られるのだろうか。後に「発話したかどうか」をたずねるという記憶課題を用いてこのことを検討した。

5-3-1 【変わった声実験】：
幻聴様体験傾向と記憶の関係

1) 実験の方法

実験には48名の大学生が参加した。この研究では「言ったか言い忘れたか」の判断をさせることが目的ではなく，自分の発話に対して得られるはずの「自分が今発話している」という自己主体感が後に残るかどうかを検討するのが目的である。そのため，第3章3-3で紹介した【やり忘れ実験】パラダイムではなく，インプットモニタリング研究の実験パラダイムを利用した。

「にわとり」,「えんぴつ」,「はやおき」といった，平仮名で4文字か5文字からなる単語を70項目使用した。そのうち30項目は，学習時に発話をする条件，別の30項目は学習時に発話をしない条件，残りの10項目はモニタリング時にのみ呈示される未呈示条件に割り振られた。30項目の，発話をする条件に割り当てられた項目は10項目ずつ，発話した声がそのまま聞こえる変換なし条件，発話した声が変換され半音高くもしくは低くなって聞こえる変換弱条件，発話した声が変換され1音高くもしくは低くなって聞こえる変換強条件に割り当てられた。どの条件も発話と同時にリアルタイムで声が聞こえてくるように設定した。30項目の，発話しない条件に割り当てられた項目は10項目ずつ，声は出さずに口だけ動かす口真似条件，口は閉じたまま頭の中で発話する想像条件，他者の声がその単語を読み上げるのを聴く他人声条件に割り当てられた。

実験は，学習とモニタリングの2段階からなる。学習時，パソコンのモニタに「発声」と呈示されたのちに単語が呈示された場合は，声に出してその単語を読み上げ，「想像」と呈示されたのちに単語が呈

示された場合は，声には出さず心の中でその単語を読み，「聴く」と呈示されたのちに単語が呈示された場合は，他人がその単語を読み上げる声が聞こえてくるのでそれを聞くよう教示した．学習中，実験参加者はヘッドフォンを装着し，直接自分の声が聞こえないようノイズを聴かせ，ノイズの上からヘッドフォン越しに自分の声も他者の声も聞こえるように調節した．また，実験参加者には，発話した声がそのままヘッドフォン越しに聞こえてくる場合もあるが，リアルタイムで変換されて自分の声ではない感じで聞こえてくる場合もあることをあらかじめ告げておいた．

学習が終わるとモニタリングに移った．モニタリングでは，学習時に呈示された項目に呈示されなかった未呈示項目も加え，一つ一つパソコンのモニタに呈示し「学習時に発話したかどうか」についてたずねた．学習時，変換なし条件，変換強条件，変換弱条件で学習した項目に対しては「Yes」と回答したら正解で，口真似条件，想像条件，他人声条件で学習した項目や，また未呈示項目に対しては「No」と回答したら正解になる．

2) 実験の結果

図30に示すのは，幻聴様傾向の個人差を考慮せず，すべての実験参加者による学習条件ごとに「発話した」と回答した比率である．

発話した条件において，声が変換されて返ってきた場合は自分の声のまま返ってきた場合と比較して「発話した」と回答する比率が下がること，また，その変換具合が大きいほど「発話した」と回答する比率が下がることが明らかになった．予測上の返ってくるべき声と実際に返ってきた声が一致しない場合に，「自分が発話している」という感覚が得られにくくなり，その結果，後に「自分があのとき発話した」

5章 「記憶違い」研究の未来

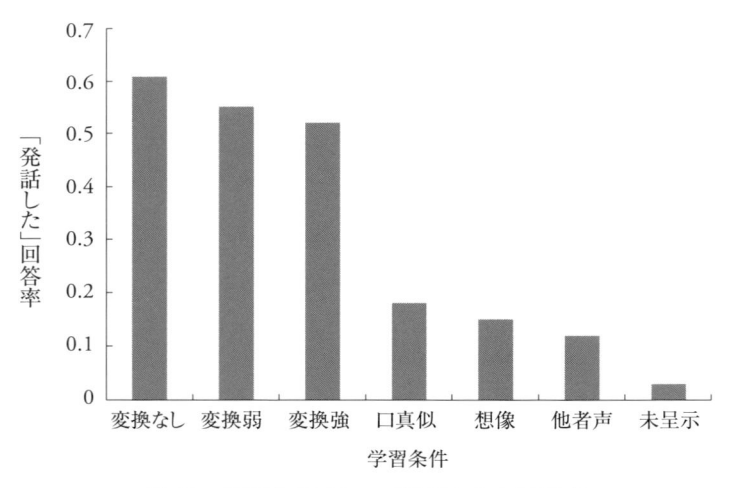

図 30 学習条件ごとの「発話した」回答率

『発話』したかどうか

学習
- にわとり → にわとり
- えんぴつ →（変換）→ えんぴつ

モニタリング
○ / ×

　自分の声が変換されて返ってくると，自分が発話した感覚が弱まり，「発話していない」と回答する傾向が高くなる。

と回答できなくなることを示唆している。

次に，幻聴様傾向尺度の点数と，アウトプットモニタリングの正答率，つまり変換なし条件，変換強条件，変換弱条件で学習した項目に対しては「Yes」と回答し，口真似条件，想像条件，他人声条件で学習した項目や，未呈示項目に対して「発話していない（No）」と回答した比率の関係について検討したところ，幻聴傾向が高くなればなるほど，正しくアウトプットモニタリングできなくなることが明らかになった。具体的には，幻聴傾向が高くなればなるほど，発話した項目に対して「発話していない」と回答する比率が高くなり，発話していない項目に対して「発話した」と回答する比率が高くなった。この結果は，自分で発声する際に自己主体感が得られにくいために，後の記憶テストにおいて，発声したこととしなかったことの区別が正確でなくなったと解釈できる。

5-4
自分の記憶に自信がある人とない人
確認強迫傾向の個人差とアウトプットモニタリング

次に，3-3 で紹介した【やり忘れ実験】パラダイムを用いた個人差研究について紹介する。本人の意思と無関係に不安が生じ，それを振り払うために何度も同じことを繰り返す精神疾患を強迫性障害という。その中でも，外出時に戸締りをしたかどうか，ガスの元栓を消したかどうかといった不安がよぎり，何度も戻っては執拗に確認する症状のことを確認強迫という。Hodgson and Rachman（1977）や Frost and Show（1993）の報告によると，強迫性障害の患者と比較して辛さは激

減するものの，健常者が「鍵をかけたかどうか」が分からなくなり不安になる現象は強迫性障害の確認強迫と共通している。ここでは，健常者の確認強迫に似た気持ちや経験を持つ人のことを，確認強迫傾向と呼ぶ。

　強迫性障害の患者と健常者を比較したMcNally and Kohlbeck (1993)の研究によると，強迫性障害の患者と健常者の間で記憶成績に違いは見られなかったが，自分の記憶判断にどの程度自信を持っているのかをたずねた結果，強迫性障害の患者のほうが健常者よりも，自分の記憶判断に自信を持っていないことが明らかになった。また，Constans, Foa, Franklin, and Mathews (1995)の研究によれば，「ドアを閉める」，「ろうそくを消す」といった不安を喚起する動作を学習材料として用いた場合は，健常者よりも強迫性障害の患者の記憶成績が上回る結果が得られている。このことから，実際の記憶能力ではなく，自分の記憶に対する評価が低い，つまり「自分は記憶力が悪い」という思い込みが強迫性障害という疾患と関わりが深い可能性が挙げられる。そこで筆者は，健常者における確認強迫傾向にも，この現象が当てはまるのかを検討した。

5-4-1　確認強迫様体験傾向とアウトプットモニタリングの検討

　実験パラダイムとして，ここでは3-3-5の【慣れっこ実験】を用いた。確認強迫様体験傾向を測定するために，Sanavio (1988)が作成した健常者における強迫傾向の程度を測定する質問紙Padua Inventoryのうち，「ガスや水道の栓をきちんと閉めていても何回も確認してしまう」，「ドアや窓，引き出しなどがきちんと閉まっているか，確かめに戻ることがよくある」といった確認強迫様体験傾向を測定する11

項目を用いた．事前に 223 名の大学生にこの 11 項目に回答してもらい，合計点を算出し，上位約 15％の 32 名（高確認強迫傾向者と呼ぶ）と下位約 15％の 32 名（低確認強迫傾向者と呼ぶ）に Email を送り，実験に参加してもらった．実験は，学習，実行，モニタリングの 3 段階からなり，系列学習とランダム学習の両方を実施した．実験参加者のうち半分は，系列学習を先に行い，もう半分はランダム学習を先に行った．系列学習では，学習時に 10 項目を順序ごと覚えてもらい，ランダム学習条件では，10 項目を順序関係なく覚えてもらった．どちらの条件でも，完全に覚えてから実行に移った．実行時には，数字の逆唱をしながらなるべく思い出して実行するよう，また，同じ行為を繰り返さず 1 回のみ実行するよう教示した．

　その結果，ランダム学習条件で実行時に反復して実行した項目数は，高確認強迫傾向者が 3.9 回で低確認強迫傾向者の 0.4 回よりも多い結果となった．また，系列学習条件で自分が学習時に実行できたかどうか「分からない」と回答した比率は，高確認強迫傾向者が 0.42 で低確認強迫傾向者の 0.08 よりも高い結果となった．ちなみに，ランダム学習条件も系列学習条件も，確認強迫傾向の高低にかかわらず，実行時 10 項目をほぼ完全に実行できていた．これらの結果から，健常者における確認強迫傾向は，記憶力そのものではなく，本人が自分の記憶力をどのようにとらえているのか，つまり自分の記憶に関する知識であるメタ記憶が大きく関わっていることが明らかになった．

5-5
「記憶違い」の個人差についてのまとめ

　第4章「記憶違い」のメカニズムのまとめ (4-3) で，人は，実際に経験した出来事から連想されることに対して，実際には経験していない出来事でも「経験した」と判断する可能性があると述べた。5-1の妄想様観念の個人差とインプットモニタリングの研究では，その連想の傾向には個人差があることを示した。具体的には，ポジティブ妄想傾向がある人は，ネガティブな自分に対する評価からポジティブなことを連想し，ネガティブ妄想傾向がある人は，ポジティブな自分に対する評価からネガティブなことを連想した結果，それぞれの連想に合わせて記憶が歪められていた。この結果は，人が実際には経験していない出来事を「経験した」と思い込む際には，まったくの新しい出来事に関して「経験した」と判断するのではなく，過去の経験から連想したことに対して「経験した」と判断しているのだという仮説の裏づけにもなっている。ただ，こういった妄想様観念傾向が，生得的なものであるのかそれとも経験によって身につくものであるのかについては今後検討する余地のある問題である。

　5-2の幻聴様体験の個人差とインプットモニタリングの研究では，自分が連想したことと実際に体験したこと（この場合は聴いたこと）の区別を正確にできるかどうかということについても個人差が関わっていることが明らかになった。つまり，頭に浮かんだことを「実際に体験した」と判断しやすい傾向がある人と，「いや，これは頭に浮かんだだけで実際には体験していない」と判断できる人がいるのである。統合失調症の患者において，妄想と幻聴は併発しやすいという。連想したネガティブな言葉を連想しただけだと正確に判断できない結果，

5章 「記憶違い」研究の未来

聞こえるはずのない「ネガティブな声」に悩まされるのだろう。

　5-3 の幻聴様体験の個人差とアウトプットモニタリングの研究においては，日頃，幻聴に似た体験をする傾向の高い人は，自分が発話したことと発話していないことを正確に区別できないことが明らかになった。この結果には，「自分が今この行為を行っている」と感じる自己主体感が関わっている可能性がある。つまり，発話している最中に「自分が話している」という自己主体感が得られないことが，その後の記憶テストに影響を与えているようである。また，5-4 の確認強迫傾向の個人差とアウトプットモニタリングの研究においては，確認強迫傾向の高い人は低い人と比べて，行為成績そのものに違いは見られなかったが，1 度しか実行してはいけないと教示されていても何度も実行してしまったり，実行後に実行したかどうかたずねられたときに「分からない」と回答する比率が高かったりしたことから，自分の行為の記憶に対する自信が持てないことが明らかになった。Belayachi and van der Linden (2010) は，強迫性障害の患者は自己主体感を得にくいという仮説を立てている。5-3 や 5-4 の研究から，リアルタイムで得られる自己主体感と記憶の関係について今後検討できる可能性が示された。もし，リアルタイムで得られる自己主体感と記憶が深く関係しているのであれば，「発話している感覚」や「行為を行っている感覚」をリアルタイムで得られるトレーニングを開発することが，その後のアウトプットモニタリング成績のアップにつながるかもしれない。

5-6
「記憶違い」の未来

　本章では，精神疾患の症状と似た症状が健常者にも体験されるところに着目した個人差研究について紹介した。精神疾患の症状と似た症状を個人差というレベルで検討する研究のことをアナログ研究という。現在，精神疾患を持つ患者と健常者の間にどの程度の連続性があるのかが議論になっているが，ある程度の連続性は認められている（統合失調症と健常者の連続性については浅井ら（2010）の論文に詳しく述べられている）。Claridgeは，健常者に見られるこのような体験に対して，病気の一歩手前で恐ろしいものとはとらえておらず，パーソナリティ（性格）に近いものとしてとらえている。実際，統合失調症傾向の高い人は芸術性・創造性に優れているということを明らかにした研究も数多くある。つまり，統合失調症の患者に似た症状の正常性を強調し，それらは誰しもが持ちうる性格特性であり認知スタイルである，とする見方である。アナログ研究は，健常者と比べて明らかに数の少ない患者を扱わずして疾患にアプローチできるという利点があるといわれているが，利点はそれだけではない。今後，アナログ研究を通して，健常者といっても，その性格や認知スタイルは様々であることが明らかになれば，日常生活において，自分や他者をより深く，興味深く理解することができるようになるかもしれない。

　自分の記憶についての知識，つまりメタ記憶を知ることで得られるメリットの例を挙げる。たとえば，自分は確認強迫傾向が高いということを知っていれば，一つ一つの行為に対してチェックリストを作成したり，自分で指差し確認をしたりするなど工夫をすることが可能である。また，自分はアウトプットモニタリングの正確さに欠けること

が分かっていれば，職業選択として「やり忘れ」といったヒューマンエラーが命取りとなるような職業を避けることもできる。さらに，自分は統合失調症傾向が高いということを知ることで，芸術面での才能を伸ばす可能性が自分にはあることを知ることができるし，自分の「見たに違いない」「言ったに違いない」という鮮明な記憶は，実は自分の頭の中で作り出したものであり現実のことではない可能性を考え，「絶対に見た！」と主張する前に思いとどまることもできる。

　また逆に，統合失調症傾向の高い友達に対して，「あの人はそういう認知スタイルを持っているのだ」と理解することで，「あの人の言うことは嘘ばかりだ」と突き放したり喧嘩したりすることなく，関係を良好に保つことができるだろう。犯罪捜査の目撃証言においても，「そもそも記憶というものは個人の認知スタイルによってそれぞれの形で歪められたものである」ということを念頭においた上で，目撃談を聞くことによる効果は大きいはずだ。確認強迫傾向の高い部下や後輩に対して，記憶研究で行われている，アウトプットモニタリング成績を上げる方法を適用して訓練するのも有用であろう。

　さらに，このようにいわゆる「精神疾患」の症状が実は健常者の持つ「正常な」パーソナリティや行動と連続するものだと知ることで，精神疾患の人たちを「何か分からないこわい病気にかかった人たち」とみなす偏見が減ることが期待される。現在，その連続の程度がどれぐらいのものなのかは検討中であるが，誰しもが何らかの拍子にかかるかもしれない疾患であることが分かっている。このような背景を受け本人が生きていく中で苦痛を感じない限りは個性として本人自身も周りも理解し合えるような環境が整うことを願っている。

参考文献

天野成昭・近藤公久(1999). 日本語の語彙特性　第1巻　単語親密度. 三省堂.

浅井智久・山内貴史・杉森絵里子・坂東奈緒子・丹野義彦(2010). 統合失調型パーソナリティと統合失調症の連続性. 心理学評論, 53, 240-261.

Barrett, T. R., & Etheridge, J. B. (1992). Verbal hallucinations in normals, I: People who hear voices. *Applied Cognitive Psychology*, 6, 379-387.

Belayachi, S., & van der Linden, M. (2010). Feeling of doing in obsessive-compulsive checking. *Conscious and Cognition*, 19, 534-546.

Claridge, G. (Ed.) (1997). *Schizotypy: Implication for Illness and Health*. Oxford: Oxford Univertisy Press.

Cohen, R. L. (1989). Memory for action events: The power of enactment. *Educational Psychology Review*, 1, 57-81.

Constans, J. I., For, E. D., Franklin, M. E., & Mathews, A. (1995). Memory for actual and imagined events in OC checkers. *Behavior Reseach and Therapy*, 33, 665-671.

Deese, J. (1959). On the prediction of occurrence of particular verbal intrusions in immediate recall. *Journal of Experimental Psychology*, 58, 17-22.

Ditman, T., & Kuperberg, G. (2005). A source monitoring account of auditory verbal hallucinations in patients with schizophrenia. *Harvard Review of Psychiatry*, 13, 280-299.

Einstein, G. O., & McDaniel, M. A. (1990). Normal aging and prospective memory. *Journal of Experimental Psychology: Learning, Memory, and Cognition*, 16, 717-726.

Frith, C. D., Blakemore, S. J., & Wolpert, D. M. (2000). Explaining the symptoms of schizophrenia: Abnormalities in the awareness of action. *Brain Research Reviews*, 31, 357-363.

Frost, R. O., & Shows, D. L. (1993). The nature and measurement of compulsive indecisiveness. *Behaviour Research and Therapy*, 31, 683-692.

Gardiner, J. M., & Klee, H. (1976). Memory for remembered events: An assessment of output monitoring in free recall. *Journal of Verbal Learning and Verbal Behavior*, 15, 227-233.

Garry, M., Manning, C. G., Loftus, E. F., & Sherman, J. (1996). Imagination inflation: Imagining a childhood event inflates confidence that it occurred. *Psychonomic Bulletin &*

Review, 3, 208-214.

Green, P., & Preston, M. (1981). Reinforcement of vocal correlates of auditory hallucinations by auditory feedback: A case study. *British Journal of Psychiatry*, 139, 204-208.

Hodgson, R. J., & Rachman, S. J. (1977). Obsessional-compulsive complaints. *Behaviour Research and Therapy*, 15, 389-395.

Hovland, C. I., & Weiss, W. (1951). The influence of source credibility on communication effectiveness. *Public Opinion Quarterly*, 15, 635-650.

Johnson, M. K., & Raye, C. L. (1981). Reality monitoring. *Psychological Review*, 88, 67-85.

Johnson, M. K., Foley, M. A., & Leach, K. (1988). The consequences for memory of imagining in another person's voice. *Memory & Cognition*, 16, 337-342.

Johnson, M. K., Hashtroudi, S., & Lindsay, D. S. (1993). Source monitoring. *Psychological Bulletin*, 114, 3-28.

Johnson, M. K., Raye, C. L., Foley, H. J., & Foley, M. A. (1981). Cognitive operations and decision bias in reality monitoring. *American Journal of Psychology*, 94, 37-64.

Jones, S. R., & Fernyhough, C. (2007). Thought as action: Inner speech, self-monitoring, and auditory verbal hallucinations. *Consciousness and Cognition*, 16, 391-399.

金敷大之（2000）．行為事象の記憶における被験者の運動行為と言語的処理の効果．心理学研究，71，89-95.

Koriat, A., Goldsmith, M., & Pansky, A. (2002). Memory distortions and forgetting. In L. Nadel (Ed.), *Encyclopedia of Cognitive Science* (pp. 1076-1081). Nature Publishing Group (Macmillan).

Landau, J. D., Libkuman, T. M., & Wildman, Jr., J. C. (2002). Mental simulation inflates performance estimates. *Memory & Cognition*, 30, 372-379.

Leynes, P. A., & Bink, M. L. (2002). Did I do that? An ERP study of memory for performed and planned actions. *Internal Journal of Psychology*, 45, 197-210.

Lindner, I., Echterhoff, G., Davidson, P. S. R., & Brand, M. (2010). Observation inflation: Your actions become mine. *Psychological Science*, 21, 1291-1299.

Loftus, E. F. (1975). Leading questions and eyewitness reports. *Cognitive Psychology*, 7, 560-572.

Loftus, E. F., & Palmer, J. C. (1974). Reconstruction of auto-mobile destruction: An example of the interaction between language and memory. *Journal of Verbal Learning and Verbal Behaviour*, 13, 585-589.

Marsh, R. L., & Hicks, J. L. (2002). Comparisons of target output monitoring and source input monitoring. *Applied Cognitive Psychology*, 16, 845-862.

Marsh, R. L., Hicks, J. L., Hancock, T. W., & Munsayac, K. (2002). Investigating the output monitoring component of event-based prospective memory performance. *Memory & Cognition*, 30, 302-311.

McGuigan, F. J. (1966). Covert oral behaviour and auditory hallucinations. *Psychiatry*, 158, 307-316.

McNally, R. J., & Kohlbeck, P. A. (1993). Reality monitoring in obsessive-compulsive disorder. *Behavior Reseach and Therapy*, 31, 249-253.

Peters, E. R., Joseph, S. A., & Garety, P. A. (1999). Measurement of delusional ideation in the normal population: Introducing the PDI (Peters et al. Delusions Inventory). *Schizophrenia Bulletin*, 25, 553-576.

Reason, J. T. (1979). Actions not as planned: The price of automatisation. In G. Underwood, & R. Stevens, *Aspects of Consciousness, (Vol. 1. 67-89)*. London: Academic Press.

Roediger, H. L., III, & McDermott, K. B. (1995). Creating false memories: Remembering words not presented in lists. *Journal of Experimental Psychology: Learning, Memory, and Cognition*, 21, 803-814.

Sanavio, E. (1988). Obsessions and Compulsions: The Padua Inventory. *Behaviour Research and Therapy*, 26, 169-177.

Spaniol, J., & Bayen, U. J. (2002). When is schematic knowledge used in source monitoring?. *Journal of Experimental Psychology: Learning, Memory, and Cognition*, 28, 631-651.

Sugimori, E., Asai, T., & Tanno, Y. (2010). Sense of Agency over Speech and Proneness to Auditory Hallucinations: The Reality Monitoring Paradigm. *Quarterly Journal of Experimental Psychology*, 11, 1-17.

Sugimori, E., Asai, T., & Tanno, Y. (in press). Sense of agency over thought: External misattribution of thought in a memory task and proneness to auditory hallucination. *Consciousness and Cognition*.

杉森絵里子・浅井智久・丹野義彦（2009）．健常者用幻聴様体験尺度（AHES）の作成および信頼性・妥当性の検討．心理学研究, 80, 389-396.

Sugimori, E., & Kusumi, T. (2008). Effects of Early Stored Memory on Judgements of Source Memory. *Psychologia*, 51, 185-195.

Sugimori, E., & Kusumi, T. (2008). Output monitoring error: Effects of previously encoded action phrases. *Psychologia*, 51, 76-88.

杉森絵里子・楠見孝（2003）．リアリティモニタリングにおけるソース帰属バイアス：

参考文献

質的判断と日付判断．認知科学，10，486-496．

杉森絵里子・楠見孝（2005）．ソースモニタリングエラーにおける質判断と時間判断の検討：時間経過が反応バイアスに及ぼす影響．認知心理学研究，2，35-44．

杉森絵里子・楠見孝（2006）．行為系列のアウトプットモニタリングエラーに自動的―制御的処理が及ぼす影響．認知科学，13，512-522．

杉森絵里子・楠見孝（2007）．メタ記憶におけるソースモニタリングエラー：インプット―アウトプットモニタリングの観点から．心理学評論，50，9-18．

杉森絵里子・中西政志・米田英嗣・常深浩平・楠見孝（2005）．反復呈示と二重課題がアウトプットモニタリングに及ぼす影響．心理学研究，76，244-251．

Sugimori, E., & Tanno, Y. (2010). Effects of positive and negative delusional ideation on memory. *International Journal of Psychology*, 45, 90-101.

Sugimori, E., & Tanno, Y. (2010). The effects of cognitive activity and perceptual details on speech source monitoring. *British Journal of Psychology*, 101, 777-790.

Sugimori, E., & Yanno, Y. (2007). *The Relationship between Output Monitoring and Obsessive Disorder*. Poster session presented at the 71th Annual Conference of the Japanese Psychological Association, Toyo, Japan.

丹野義彦・石垣琢麿・杉浦義典（2000）．妄想的観念の主題を測定する尺度の作成．心理学研究，71，379-386．

Tulving, E. (1972). Episodic and semantic memory. In E. Tulving & W. Donaldson (Eds.), *Organization of Memory* (pp. 381-403). New York: Academic Press.

Wolpert, D. M. (1997). Computational approaches to motor control. *Trends in Cognitive Sciences*, 1, 209-216.

謝　辞

　本書は，2006年3月に京都大学大学院教育学研究科に提出した博士論文「メタ記憶におけるインプット－アウトプットモニタリングエラーの規定要因」を，出版にあたって加筆修正したものである。主な変更点は大きく二つである。一つ目は，より広汎な領域の方々に読んでいただくことを目的としたため，細かい議論や分析結果を省き，日常生活における記憶違いを科学的視点から説明することに焦点をおくようにした。二つ目は，最新の研究動向に関心を持つ方々にとって役立つ書となることも目的としたため，博士号取得後，東京大学大学院総合文化研究科において行った2007年から2011年までの研究内容を，5章「「記憶違い」研究の未来：個人差」として加筆した。

　博士課程在学中，指導教官である楠見孝教授には，実験の立案から実施，そして論文の作成に至るまで懇切丁寧に御指導いただいた。また，子安増生教授，吉川左紀子教授，齊藤智准教授からはゼミを通じて数々の貴重なコメントをいただいたり実験環境を整えたりしていただいた。筆者の在学中，京都大学大学院教育学研究科に所属していらした院生の方々には，修士論文や博士論文をチェックしていただいたり，実験プログラムを作成していただいたり，共同研究をしていただく機会が多くあった。奈良教育大学教育学部 豊田弘司教授には，ご自身が主催される「記憶・学習研究会」への参加や発表を認めていただき，そこでは，記憶を専門となさっている先輩方からたくさんの有益なコメントをいただくことができた。博士号取得後に受入教官となってくださった東京大学大学院総合文化研究科 丹野義彦教授からは，異常心理学や個人差研究について多く学ぶことができた。丹野研

謝　辞

に所属していらした院生の方々にも，個人差研究を進めるにあたっての有益なコメントをたくさんいただいた．本書に掲載されている研究は，すべてこういった多くの方々の助力を得た結果である．深く御礼申し上げたい．また，研究を実施するにおいて 2003 年と 2004 年には「京都大学心理学連合 21 世紀 COE プログラム心の働きの総合的研究拠点」からの助成を，2005 年から 2011 年までは「文部科学省科学研究費補助金」の助成を受けたことを，心より感謝する．

　本書は，京都大学の「平成 23 年度総長裁量経費　若手研究者に係る出版助成事業」による助成を得て刊行されるものである．本書の出版のために助成をして下さった関係の皆様方，文章やイラストについて丁寧かつ的確な助言を下さった京都大学学術出版会の鈴木哲也，永野祥子両氏に感謝の意を表する．

索　引

[ア行]

アウトプットモニタリング　iv, 45-86
　　→モニタリング
あなたに違いない効果　10
アルツハイマー病　94
偽りの記憶　24
イマジネーションインフレーション
　13, 14, 17
インプットモニタリング　iii, 19-44
　　→モニタリング
エピソード記憶　iii, 3, 8, 9
エラー要因　10, 57, 66, 86
オブザベーションインフレーション
　14

[カ行]

海馬　94
確認強迫　116-118, 120
　　——様体験　117
完全学習　82
簡単化　85
記憶痕跡　82
強迫性障害　116, 117, 120
クリティカル語　11, 12
系列学習　79-85, 118
健常者　99-122
幻聴　107-116
　　——様体験　107-116
行為事象文　69-83
個人差　99-121

[サ行]

再生テスト　48-50
再認テスト　48-50
視覚情報　3, 4, 9, 57

時間経過　8, 9, 29, 74
時間判断　iv, 17, 25, 29, 33, 43
自己主体感　111, 112, 116, 120
事前呈示　33-42
実験参加者　4, 5, 7, 11, 13-15, 17, 21,
　22, 24-26, 28, 29, 31, 33, 37, 41, 43,
　48, 51, 55, 59, 62, 63, 69, 70, 77, 81,
　82, 110, 113, 118
　　——実演効果　69
実験パラダイム　21, 23-25, 27, 32, 43,
　47-57, 66-68, 85, 112, 116, 117
自伝的記憶　13, 17
周辺情報　iii, 3, 21, 47
信憑性　9, 92
スリーパー効果　9
性格特性形容詞　100-103
精神疾患　116, 121, 122
生成　59
性的虐待　v, 17, 96
正答率　28, 30, 31, 70, 116
ソース判断　iii, 4, 5, 7, 8

[タ行]

ターゲット判断　7
脱落エラー　iv
単語記憶テスト　47-50, 53, 55
知覚情報　3
聴覚情報　3, 9, 57
展望的記憶　51-55
統合失調症　99, 107-111, 119-122

[ナ行]

二次課題　70, 72, 74, 76, 77, 79, 82, 86
認知スタイル　121, 122
ネガティブ妄想観念　102, 104, 108
　　→妄想

129

索　引

[ハ行]

パーソナリティ　　121, 122
背景課題　　51-54
場所判断　　iv, 3
発話　　57-65, 111-116, 120
反復エラー　　iv
被虐待記憶　　10, 96
非生成　　59
ヒューマンエラー　　iv, 85, 122
剽窃・盗用　　iv, 10
フォールスアラーム（FA）率　　103, 110
変換　　112-116
妨害課題　　69
ポジティブ妄想観念　　102, 104, 108
　　→妄想

[マ行]

ミラーニューロン　　14
メタ記憶　　31, 90, 91, 94, 118, 121
メンタルシミュレーション　　14
妄想　　99-108, 119
　　――観念　　102, 104, 108
　　――観念チェックリスト　　100, 102
　　――様観念　　100, 119

目撃証言　　iv, 17, 90, 92, 122
モニタリング　　iii
　　インプット――　　iii, 19-44
　　アウトプット――　　iv, 45-86
　　――エラー率　　38

[ヤ行]

やり忘れ　　66, 67, 112, 116, 122
誘導尋問　　15
予測　　110, 111, 113

[ラ行]

ランダム学習　　81-85, 118
リアリティ判断　　iii, 9, 11, 13, 15, 17, 25, 29, 33
類似性　　62, 63
ルーティンワーク　　94
連想　　11-13, 96, 108-110, 119
　　――関係　　11-13
連続　　121, 122

[A-Z]

DRMパラダイム　　11-13, 108-110

［著者紹介］

杉森　絵里子（すぎもり　えりこ）

京都大学教育学部教育科学専攻卒業，同大学院教育学研究科博士課程修了（教育学博士）。専攻は，記憶，ソースモニタリング，フォールスメモリー，幻聴，認知神経科学など。現在，日本学術振興会海外特別研究員として，Yale University Department of Psychology に所属。

〈プリミエ・コレクション　17〉
「記憶違い」と心のメカニズム　　　　　　　　Ⓒ Eriko Sugimori 2012

2012 年 6 月 30 日　初版第一刷発行

著　者　　杉森絵里子
発行人　　檜山爲次郎
発行所　　京都大学学術出版会
　　　　　京都市左京区吉田近衞町69番地
　　　　　京都大学吉田南構内（〒606-8315）
　　　　　電話（075）761-6182
　　　　　FAX（075）761-6190
　　　　　URL　http://www.kyoto-up.or.jp
　　　　　振替　01000-8-64677

ISBN 978-4-87698-213-4

印刷・製本　㈱クイックス
装幀　鷺草デザイン事務所
イラスト　石田　尊司

Printed in Japan

定価はカバーに表示してあります

本書のコピー，スキャン，デジタル化等の無断複製は著作権法上での例外を除き禁じられています。本書を代行業者等の第三者に依頼してスキャンやデジタル化することは，たとえ個人や家庭内での利用でも著作権法違反です。

プリミエ・コレクション

1 中国の経済発展と制度変化
厳　成男

1990年代以降，中国経済は史上稀な高度成長を遂げ，世界一の経済大国への予期も高い。レギュラシオン理論による国家的調整の分析。第2回経済理論学会奨励賞受賞作　3990円

2 問いとしてのスピリチュアリティ
――「宗教なき時代」に生死を語る
林　貴啓

生きる意味，死後の運命といったスピリチュアルな問題。長らく宗教が扱ってきたが「問い」「答え」に分節し，誰でも語れる道を探る。　3360円

3 「語り合い」のアイデンティティ心理学
大倉得史

人間は青年期にどのようなプロセスを経てアイデンティティを確立するのか。青年たちとの真摯な語り合いにより，質的分析から新たな知を切り拓く。　3990円

4 デカルトの方法
松枝啓至

「われ思う，ゆえにわれ在り」の結論から形而上学，自然科学を基礎づける論証に誤りはあるのか――デカルト哲学の本質にせまる。　3360円

5 臨床教育と〈語り〉
――二宮尊徳の実践から
中桐万里子

教育や子育てのために，マニュアル的な対応でない新しい手がかりを二宮尊徳に求めて，日常生活を再発見する臨床教育学を提唱する。　3780円

6 先秦時代の領域支配
土口史記

中国の先秦時代に独自の領域支配が存在したことを明らかにし，同時に，いわゆる郡県制に変容していくその過程を詳細にたどる。　4410円

7 体制転換と社会保障制度の再編
――ハンガリーの年金制度改革
柳原剛司

移行経済下で社会保障改革に成功したハンガリー。1998年以後の改革過程からその成功要因を探り，諸国際機関との比較から導かれた示唆を論じる。　3570円

8 ツツバ語　記述言語学的研究
内藤真帆

数多の消滅危機言語が点在する南太平洋。その一つツツバ島の固有語の体系全てを記述。現代言語学の使命を厳しい臨地調査の末に果たす。　7350円

9 長城と北京の朝政
――明代内閣政治の展開と変容
城地　孝

遊牧民族モンゴルの外圧にいかに対処したかに関して豊富な資料をもとに解明しながら，中国明代の朝政の展開のありようをいきいきと描き出す。　4725円

表示価格は5％消費税込

プリミエ・コレクション

10 シュタイナー「自由」への遍歴
── ゲーテ・シラー・ニーチェとの邂逅
井藤　元

難解で定評のあるシュタイナーの思想について，ゲーテ，シラー，ニーチェに関する解釈を読み解くことで，その本質を明らかにする。
4620円

11 コーポレート・ガバナンスの進化と日本経済
福田　順

日米独の企業統治システムを計量的・記述的に国際比較し，その「進化」の様相と日本経済の将来に対する示唆を多面的に考察する。
3360円

12 近代中国と広域市場圏
── 海関統計によるマクロ的アプローチ
木越義則

19世紀末中国の世界システム参入は市場圏を変えた。本格的な海関統計の実像を初めて明らかにし，広域市場圏の興隆と形成を活写する。
4410円

13 「姉小路式」テニヲハ論の研究
劉　志偉

「乎古止點」とは異なり，日本語独自の文体に即して発達した「テニヲハ」に関して「姉小路式」を取りあげ，その本質を明らかにする。
4620円

14 『純粋理性批判』の方法と原理
── 概念史によるカント解釈
渡邉浩一

『純粋理性批判』を「批判」「仮説」「実験」「多様」「表象」「形象」という6概念の分析を通じて，従来とはまったく異なる手法で読み解く。
3570円

15 ベルクソン哲学と科学との対話
三宅岳史

エントロピー概念と非可逆性の問題など，科学が語り残した課題についてベルクソンはどのように語ったのか。最先端の科学の知見による再評価の試み。予価3360円

16 美と深層心理学
東畑開人

至高の美や容姿へのこだわり…。こころは美を病み，美に癒される。「表面」をまなざす深層心理学は可能か。心理療法の立場から探究する。三島由紀夫論も。
2940円

18 わたしを律するわたし
── 子どもの抑制機能の発達
森口佑介

子どもが自分の行動や衝動を抑える能力（抑制機能）を身につける過程とその発達的意義について，実験心理学の立場から多角的に検討する。
2520円

19 デフォーとイングランド啓蒙
林　直樹

デフォーの生きた初期近代ヨーロッパを背景におきつつ，ブリテンが大国へ変貌するさまを描出する。事実認識に傾注した綿密な思想史学。
3780円

表示価格は5％消費税込